"La mayoría de las veces, aquellos que tratan nuestras necesidades fisiológicas o incluso neurológicas no están de acuerdo con nuestras creencias. ¿Quién dice que la ciencia y la fe no pueden colaborar para conseguir la recuperación? La Dra. Leaf ama a Dios y se preocupa por las personas... Su nuevo libro, *Tu Yo Perfecto*, es un plano o diseño para sentirse mejor y vivir mejor. En él proporciona pautas científicas, filosóficas y teológicas sobre cómo entrar en tu 'Yo Perfecto'. Si alguna vez has querido o incluso has necesitado reimaginar tu vida, este libro bien podría ser el catalizador para ese fin. De hecho, es un sistema de dirección que aclara los contaminantes que te hayan impedido expresar la mayor versión de ti ¡que el mundo haya visto jamás!".

Obispo T.D. Jakes y Serita Jakes

"Laurie y yo recomendamos mucho este libro transformador, que te ayudará a descubrir quién eres, tu Yo Perfecto, y te dará un diseño para perseguir tu identidad dada por Dios."

Matt y Laurie Crouch, TBN

"La Dra. Caroline Leaf logró algo casi imposible con su último libro. Indagó profundamente en teorías complejas de la teología, la filosofía y la ciencia, ¡y después desarmó esos conceptos tan abstractos y los sintetizó en un libro con base cristiana, innovador, creativo y enriquecedor! Su herramienta de Evaluación Cualitativa Única y ejercicios prácticos empoderarán a los lectores para que encuentren y celebren sus yo únicos y perfectos en el mundo actual tan cambiante. Mi viaje por el libro me dejó pasmada con su talento y emocionada por comenzar el viaje de descubrir no solo mi propio 'Yo Perfecto' y único, sino también el otro 'Yo Perfecto' en las personas que me rodean. Cada lector será fortalecido al regresar a sus percepciones usando las pautas que ella da, desarrollando una visión revisada de su yo único, y manteniéndose veraz a su propio 'Yo Perfecto' en su vida cotidiana. Esta última adición a la creciente lista de libros de la Dra. Leaf es también un testimonio de la particularidad perfecta de la Dra. Leaf misma."

Dra. Brenda Louw, profesora y directora, Speech-Language Pathology & Audiology, East Tennessee State University

"El nuevo libro de la Dra. Caroline Leaf, *Tu Yo Perfecto: Un plano para la identidad* también se podría haber subtitulado 'Plano para el éxito' o 'Plano para la paz mental'. ¡Lo recomiendo sinceramente!".

Kenneth Copeland, Kenneth Copeland Ministries

"*Tu Yo Perfecto*, con sus herramientas de aplicación, será una recomendación diaria en mi consulta de neurociencia integrada. Sus reveladores principios, la culminación de los más de treinta años de la Dra. Leaf en la neurociencia, ofrecen más esperanza para el cambio y más ayuda para el verdadero cuidado de la salud (no solo el manejo de la enfermedad) que cualquier otra herramienta que yo haya visto."

Robert P. Turner, MD, MSCR, neurólogo y profesor asociado clínico de pediatría y neurología, USC School of Medicine

"Esta obra maestra es lectura obligada para todo aquel que verdaderamente desee educarse bien en cómo nuestras almas están maravillosamente y temerosamente hechas por el Creador del universo. La aplicación de los principios de esta obra facilitan que operemos a nuestro máximo potencial, individualmente y colectivamente, para su agrado y propósito."

Avery M. Jackson, neurocirujano, CEO y fundador del Michigan Neurosurgical Institute PC

"Los pioneros en cualquier campo proponen ideas que no son aceptadas en ese momento. Esas ideas incluso se tachan de ridículas; sin embargo, al final demuestran tener razón. La Dra. Caroline Leaf es una pionera en el ámbito de la mente. Tiene una visión de Dios de cómo es la composición de nuestra mente, de lo que nos hace únicos, y de cómo podemos actuar con éxito en nuestra particularidad. Este libro convierte una mezcla profunda de física cuántica, filosofía y psicología en aplicaciones prácticas y efectivas para ayudarnos a todos a sobresalir en aquello para lo que hemos sido creados por Dios para alcanzar."

Dr. Peter Amua-Quarshie, MD, neurocientífico y profesor asistente

"La Dra. Leaf ilumina de una forma bella el cerebro, la mente y cómo tomamos decisiones, y después nos ayuda a tomar mejores decisiones. A la vez científico y espiritual, este libro tiene algo para cada persona."

David I. Levy, MD, profesor clínico de neurocirugía y autor de *Gray Matter*

"Como endocrinóloga, el libro de la Dra. Caroline Leaf me parece muy detallado y a la vez muy fácil de leer. ¿Qué es lo que te hace ser lo que realmente eres? ¿Y cómo puedes lograr *Tu Yo Perfecto* mientras te esfuerzas por mantener y recuperar la salud? Me emocionó mucho leer en este nuevo libro las hábiles explicaciones de la Dra. Leaf sobre los descubrimientos llevados a cabo en los campos médico, psicológico y de la física cuántica en los últimos treinta años. Ella promueve los pasos proactivos que puedes dar para cambiar tu salud y tu vida. La lista de verificación de *Tu Yo Perfecto* es una herramienta asombrosa que te permitirá conocerte de una forma más profunda y ayudarte a hacer cambios de conducta usando las tablas y los ejercicios. Te ayudará a convertirte en la persona que anhelas ser, alcanzando todo tu potencial de tal forma que puedas sentirte 'plenamente vivo' y realizado en tu vida profesional y tus relaciones, pero también en tu 'yo interior'. ¡Animo a cualquier persona a leer este fascinante libro!".

Dra. Irene Stanciy, endocrinóloga

"La Dra. Leaf ha creado de nuevo otra brillante obra maestra. Detalla con mucha maestría cómo nuestra verdadera identidad la encontramos cuando nos abandonamos a Cristo y nos sumergimos en su amor incesante, desatando así nuestros dones y talentos naturales. El cristianismo no está centrado en reglas y estipulaciones, sino que es más bien un viaje de autodescubrimiento que da como resultado acciones y relaciones saludables y nada tóxicas. A menudo hacemos referencia al trabajo de la Dra. Leaf cuando usa argumentos científicos demostrados que aplican la Palabra de Dios a nuestra vida. Recomendamos este libro a cualquiera que esté intentando descubrir su propósito en la vida y listo para embarcarse en un viaje de verdadero autodescubrimiento."

Obispo Lawrence y Dra. Lillian Robertson,
Emmanuel Ministries, Bremerton, WA

"Me encanta el título del libro, *Tu Yo Perfecto*, porque es una valiente declaración de quiénes somos y una visión acertada de cómo Dios nos usa y quiere que nos veamos a nosotros mismos, y que nos ayudemos unos a otros a convertirnos en el 'Yo Perfecto'. Su momento es perfecto porque vivimos en una época en la que el imperativo para educar niños y construir familias y comunidades fuertes es la máxima prioridad en la mente de cualquier padre o líder. La Dra. Leaf nos ha dado una herramienta importante que nos enseña de una forma detallada y amorosa cómo podemos vivir en victoria y gozo indescriptible. El libro está cuidadosamente escrito con mucha sabiduría y amor del Señor. Mientras leía las páginas podía sentir el poder sanador que las palabras llevarán a cada persona que tenga la bendición de tener este precioso libro en sus manos."

Tsitsi Masiyiwa, filántropa y codirectora de Higher Life Foundation

"Una vez más, la Dra. Caroline Leaf está usando su pericia, experiencia y convicción para sacar a la luz un libro transformador. Vivimos en un mundo cada vez más complejo cuando se trata de las verdades fundamentales de la vida. Estoy segura de que *Tu Yo Perfecto* te capacitará para explorar y encontrar la libertad para la que fuiste creado."

Bobbie Houston, fundadora y pastora principal global
de Hillsong Church

"Una perspectiva válida sobre la identidad es el punto de inflexión para una existencia saludable y exitosa. Como una hábil arquitecta, la Dra. Leaf ha creado de manera experta un plano para derribar ideas erróneas y reedificar vidas con cimientos sólidos que permanecerán. *Tu Yo Perfecto* te aportará verdades que no solo cambiarán tu mente, sino que, si las pones en práctica, transformarán la trayectoria de toda tu vida. Esta mujer es un regalo y este libro una obra maestra."

Priscilla Shirer, oradora y maestra bíblica

"En su nuevo libro, *Tu Yo Perfecto*, la Dra. Caroline Leaf revela la ciencia que está detrás de cómo tus pensamientos forman quien tú eres. Usando conocimiento científico y revelación bíblica, ministra con eficacia la verdad de Dios. Hace muchos años que somos amigos de la Dra. Caroline Leaf. Asiste fielmente a nuestra iglesia y ha dado poderosos mensajes en nuestros servicios de fin de semana y conferencias."

Robert y Debbie Morris, pastores principales de Gateway Church

"La brillante Dra. Caroline Leaf de nuevo desafía los 'porqué' de muchas cosas que asumimos automáticamente en nuestros pensamientos. Como amiga y alguien que se ha beneficiado de su ministerio, sé que este libro será una gran bendición para tu vida."

Darlene Zschech, HopeUC

"El libro de Caroline, *Tu Yo Perfecto*, es verdaderamente un gran logro, escrito brillantemente y bien documentado. Caroline tiene una forma de disponer a los lectores para reunir el valor necesario para entrar en una nueva dimensión de operación en su personalidad, atributos y dones dados por Dios, y para explorar qué quiere Dios que sean en esta tierra. Este libro definitivamente te retará, pero más importante aún te animará e inspirará a creer que puedes aceptar el reto, porque has recibido el plano preciso según el asombroso diseño de Dios para convertirte en tu 'Yo Perfecto'."

Rick y Denise Renner, pastores principales de
Moscow Good News Church

"¿Alguna vez te has preguntado 'Quién soy yo'? Pues bien, la respuesta a esta pregunta y a otras muchas está en *Tu Yo Perfecto*. La Dra. Caroline Leaf explica muy bien cómo Dios creó un plano único para tu identidad. Este libro te hará entender la forma en que piensas y te retará a convertirte en todo aquello para lo que Dios te creó."

John y Lisa Bevere, autores de éxitos de ventas,
Ministros y cofundadores de Messenger International

"En su nuevo libro, la Dra. Leaf te enseña cómo desbloquear tu Yo Perfecto, quién eres en realidad, y a llevar a la práctica tu plano divino para la identidad, al margen de las cosas que hayas vivido, estés viviendo y vayas a vivir. Personalmente sé lo que es tener una visión distorsionada de mi particularidad por el daño que me hicieron, y sé que los principios de este libro te ayudarán a descubrir el propósito de Dios para ti y tu potencial a pesar de tu pasado."

Christine Caine, autora de *Inavergonzable*

"Este libro es un tesoro lleno de gran sabiduría y visión que sirven como herramientas geniales para guiarte en el descubrimiento de 'Tu Yo Perfecto'. La Dra. Caroline Leaf aporta las nuevas y emocionantes teorías y descubrimientos científicos a la verdad de nuestra identidad individual dada por Dios, como encontramos en la verdad inmutable de la Palabra de Dios. En una cultura que solo acepta lo que la ciencia puede articular, la investigación y las teorías de la Dra. Leaf dan una fuerte credibilidad a la creación de Dios, su propósito y su plan para cada una de nuestras vidas."

Dr. John y Helen Burns, pastores principales de Relate Church, Vancouver, Canadá

"La Dra. Leaf es una de las principales expertas del mundo en el estudio del cerebro. Es una culta estudiante de la Palabra de Dios también, lo cual aporta una obra única para ayudarnos a todos a entender y seguir lo mejor de Dios para nuestras vidas. Una lectura obligada."

Obispo Keith Butler, Keith Butler Ministries

"Muchos científicos están incómodos con la realidad de que nuestro yo humano no se pueda cuantificar fácilmente. Caroline Leaf no solo reconoce esto, sino que también acepta lo único, particular y efímero que está contenido dentro de nosotros, entendiendo que son estos elementos los que definen nuestra humanidad y también nuestra divinidad."

Elizabeth Basden, abogada y directora de iCompany

"La Dra. Caroline tiene una habilidad asombrosa para tomar conceptos complicados y hacerlos fácilmente digeribles. Su libro *Tu Yo Perfecto: Un plano para la identidad* te realineará para tener una vida saludable y holística."

Esther y Joel Houston, Hillsong Church

"¡Caramba, otra obra maestra de la Dra. Caroline Leaf! Ella teje lo científico con lo práctico de una forma excepcional. Descubrirás cómo crecer para convertirte en el *yo* que Dios quiso que fueras de forma única."

Dr. Robb y pastora Linda Thompson, Family Harvest Church

"Leer *Tu Yo Perfecto* ¡es como conectar los puntos entre tu potencial, tu pasión y tu propósito! Como una animadora de sueños, aplaudo a la Dra.

Leaf por este manual: un llamado a despertar para ser honesto contigo mismo, a ser intencional en tus decisiones ¡y comenzar a tomar decisiones de destino!".

Terri Savelle Foy, presidenta de Terri Savelle Foy Ministries,
presentadora de Live Your Dreams, y escritora de Pep Talk

"¡Caroline ha escrito un libro lleno de buenas noticias para ti! Te presentará a la persona que siempre quisiste ser: ¡tu Yo Perfecto! Una persona a la que todo el mundo quiere, en la que todos confían y de la que todos quieren ser amigos. En tus manos tienes un plano para tu mejor futuro."

Mylon y Christi Le Fevre, autores
y artistas discográficos ganadores de un premio Grammy

"*Tu Yo Perfecto* es lectura obligada para todos aquellos que hayan dudado alguna vez de su identidad, valor o dignidad como persona. La Dra. Caroline Leaf nos ayuda de forma brillante y sencilla a ver que podemos tomar buenas decisiones que nos situarán en nuestro destino perfecto de amor y propósito que Dios ha escogido para cada uno de nosotros. La Dra. Caroline Leaf es una persona brillante y preciosa que ha impactado nuestras vidas, nuestra iglesia y nuestro mundo para bien."

Mel y Desiree Ayres, pastores principales de
In His Presence Church, Los Ángeles

"La única forma en que podemos comprender correctamente nuestro diseño único es desde la perspectiva de nuestro Diseñador. En este último libro, la Dra. Caroline ofrece tanto la información como la inspiración ¡para ayudarte a evaluar y actuar según el Plano Divino de su propósito para ti!".

Pastora Colleen Rouse, Victory World Church

"Siempre me retan y animan la vida y las enseñanzas de la Dra. Caroline Leaf. Ella habla con la autoridad de una científica y el corazón de una pastora. Es raro que una oradora pueda tocar el corazón de cada generación de una forma tan profunda. Sé que vidas, corazones y futuros serán muy afectados con su nuevo libro, *Tu Yo Perfecto*."

Pastora DawnChere Wilkerson, Vous Church

TU YO PERFECTO

CÓMO DESCUBRIR LO QUE TE HACE ÚNICO

DRA. CAROLINE LEAF

WHITAKER
HOUSE
Español

Traducción al español por:
Belmonte Traductores
Manuel de Falla, 2
28300 Aranjuez
Madrid, ESPAÑA
www.belmontetraductores.com

Editado por: Ofelia Pérez

Tu Yo Perfecto
Cómo descubrir lo que te hace único
Publicado originalmente en inglés en el 2017
bajo el título *The Perfect You, A Blueprint for Identity*
por Baker Books, una división de Baker Book Publishing Group
Grand Rapids, MI
www.bakerbooks.com

ISBN: 978-1-64123-009-4
eBook ISBN: 978-1-62911999-1
Impreso en los Estados Unidos de América
© 2018 por Dra. Caroline Leaf

Whitaker House
1030 Hunt Valley Circle
New Kensington, PA 15068
www.whitakerhouse.com

Por favor, envíe sugerencias sobre este libro a: comentarios@whitakerhouse.com.

1 2 3 4 5 6 7 8 9 10 11 12 **ШJ** 25 24 23 22 21 20 19 18

Este libro está dedicado
a esos momentos de Yo Perfecto con...

Mi precioso esposo, Mac
Mis preciosos hijos:
Jessica, Dominique, Jeffrey y Alexandria

Ustedes me han enseñado cómo experimentar
la vida y a Dios de una forma totalmente nueva.

De hecho, me han ayudado a ver y entender la vida
y a Dios desde una perspectiva totalmente nueva.

Ustedes inspiraron este libro.
Ustedes son... el Yo Perfecto.
Son míos.
Les amo.

Contenido

Prefacio

por el Dr. Robert P. Turner

Con la más profunda gratitud y emoción endoso esta nueva y destacada obra de la Dra. Caroline Leaf. Durante el transcurso de mis treinta años de carrera en la neurociencia clínica, académica e investigativa, he deseado tener a la mano una herramienta e incorporarla a mi vida y a las vidas de mis pacientes, que lleve de una manera profunda, precisa y apasionada una investigación neurocientífica de vanguardia y basada en la evidencia, al uso práctico que salve vidas, y que funda en uno los ámbitos espiritual, psicológico y fisiológico para ayudarnos a escoger el pensamiento basado en el amor, y mantenerlo en el primer plano de todo lo que hacemos.

A medida que finalmente hacemos una transición en el cuidado alopático de la salud dejando atrás una era únicamente de farmacología, donde hemos estado estancados durante casi ochenta años, la Dra. Leaf ha provisto dicha herramienta de aplicación cotidiana para efectuar cambios positivos, motivados por el amor y vivificantes en nuestras mentes y cerebros. Cada afirmación y principio explicados en este texto están apoyados por la neurociencia actual, sensata y basada en la evidencia, y cada capítulo edifica hábilmente sobre el fundamento del capítulo previo y es valiosa para la lectura, la reflexión y la aplicación diligente.

La filosofía del "Yo Perfecto" de la Dra. Leaf está construida sobre la sabiduría de generaciones pasadas de buenos y experimentados pensadores, y presume de contar con la validación científica, bíblica y espiritual más profunda. Seguir su filosofía nos lleva directamente a descubrir nuestros propios estilos únicos de pensar, hablar y actuar que nuestro Padre diseñó para nuestro Yo Perfecto. La Dra. Leaf captura esto perfectamente en el capítulo 4: "Somos sus obras maestras, diseñadas para reflejar su gloria al mundo. Fuimos creados para traer el cielo a la tierra".

Como neurocientífico, ¡me encanta el capítulo 5! Al escribir después de más de treinta años de estudio, investigación y experiencia, la Dra. Leaf nos ayuda a entender los apoyos anatómicos y fisiológicos de nuestras particulares formas de pensar, sentir y decidir. Aprecio cómo entrelaza las tres disciplinas interrelacionadas: neuroespiritualidad, neuropsicología y neurofisiología. La viva y buena aplicación de estas disciplinas verdaderamente nos permite comenzar a caminar en la verdadera libertad que Dios tiene preparada con amor para nosotros.

La Herramienta de Evaluación Cualitativa Única (CU) bosquejada en el capítulo 6 fue un maravilloso ejercicio para mí en lo personal, y ha sido hábilmente diseñada para caracterizar claramente nuestra particularidad dentro de los siete módulos metacognitivos. No es un inventario de personalidad ni un análisis neuropsicológico, sino más bien una herramienta libre de condenación y de juicio para ayudarnos a cada uno a entender quiénes somos, lo bueno y lo malo, y cómo nuestro Dios Padre quiere que experimentemos los gozos diarios de su amor mientras aprendemos a convertirnos en nuestro Yo Perfecto.

En el capítulo 8, la Dra. Leaf explica de forma clara y detallada las "zonas de incomodidad", sacando a la luz una experiencia que quizá todos nosotros experimentamos como seres humanos, y con la que algunos de nosotros incluso batallamos más que otros. Dios nos ha diseñado con sistemas de alarma o estímulos, y cuando no estamos fluyendo en su perfecta voluntad para nuestra vida, se produce la incomodidad. Si no reconocemos o si decidimos ignorar los estímulos de "incomodidad", el resultado será la progresiva manifestación de la disfunción en nosotros, espiritualmente, psicológicamente y físicamente. Uno comienza a darse cuenta de que al menos el 80 por ciento de los actuales trastornos médicos y psiquiátricos están arraigados en el ámbito espiritual. Entender las zonas de incomodidad y abrirse al amoroso estímulo del Espíritu Santo dará como resultado que nos convirtamos en el Yo Perfecto, experimentando "la vida según los términos de la vida" con la gracia y paz que Dios nos da amorosamente y gratuitamente en cada momento.

Tu Yo Perfecto será una recomendación diaria en mi consulta de neurociencia integradora. Sus reveladores principios, la culminación de los más de treinta años de la Dra. Leaf en las neurociencias, ofrecen más esperanza para el cambio y más ayuda para el verdadero cuidado de la salud (no solo el manejo de la enfermedad) que cualquier otra herramienta que yo haya visto.

Cuando el programa de *Tu Yo Perfecto* y sus principios transformadores se aplican fielmente de forma diaria, se producirá un cambio en nuestra mente y cerebro (nuestro "continuo mente-cerebro"). Un resultante natural de estos cambios será que nuestros sistemas corporales interconectados manifestarán gradualmente mejoras en la salud, en nuestros sistemas gastrointestinal, cardiovascular, inmunológico y otros sistemas. Personalmente he comenzado a experimentar estos cambios en mi propia vida, y estoy asombrado y me siento privilegiado al haber podido empezar a ver estas transformaciones en pacientes que implementan estos principios. Como neurólogo y neurocientífico, puedo demostrar fácilmente los cambios cuantitativos vía análisis de los EEG (electroencefalogramas) del paciente. Estos análisis dan testimonio de los gloriosos cambios ¡que Dios está produciendo en nuestro interior!

Te invito a leer y aplicar diligentemente *Tu Yo Perfecto*. Promete ayudarte a ver los cambios que tantos de nosotros anhelamos diariamente.

Gracias, Dra. Leaf, por su meticulosa y exhaustiva investigación y estudio. Nos está ayudando a ser testigos de la transformación a través del *microcosmo* de nuestros cerebros y sistemas nerviosos, así como del *macrocosmo* de la tierra y todos sus habitantes, a quienes somos llamados a amar y servir.

Robert P. Turner, MD, MSCR
CEO y propietario de Network Neurology LLC
y Network Neuroscience Research Institute,
Profesor clínico asociado de Pediatría y Neurología,
USC School of Medicine
Investigador asociado de MIND Research Institute

Prólogo

¿Quién soy? ¿Hay alguien por ahí que me entienda? ¿Soy meramente el producto de las ciegas fuerzas de la evolución o lo que Richard Dawkins llama un "golpe de mala suerte" en un mundo material?[1] *¿O tengo propósito y sentido, una parte única en un plan divino? ¿Hay alguien que entienda quién soy, o para qué existo? ¿Me llegaré a entender a mí mismo algún día? ¿Puedo aceptar la forma en que Dios me ha permitido ser? ¿Realmente acepto el plano para la identidad que Dios me ha dado?*

Dios *te* entiende. Él ha puesto significado en ti, tu "Yo Perfecto", tu forma única de pensar. El plano de tu identidad es un diseño brillante que revela algo que solo tú puedes hacer. Como nos muestra la neurociencia, cada pensamiento que tienes importa ¡porque cambia tu cerebro! Tú creas tu realidad particular y moldeas tu cerebro con tus pensamientos. En este libro descubrirás la ciencia que hay detrás de tu Yo Perfecto aprendiendo lo que es, llenando un perfil llamado Perfil Cualitativo Único (CU) para entender la estructura de tu pensamiento, y practicar su aplicación a tu vida con una serie de ejercicios divertidos y reveladores que te llevarán a un nivel totalmente nuevo.

Entender cómo está estructurado el Yo Perfecto es solo el comienzo, pero una vez que comiences el proceso, ¡te adentrarás en toda una vida de cambio duradero! El desarrollo y el crecimiento son orgánicos y continuos. Tu propósito es vivir más allá de ti mismo, pero no puedes compartir tu Yo Perfecto o modelar tu vida según el Yo

Perfecto de otra persona, porque es *tu* plano para descubrir la identidad. Tampoco puedes ser tu Yo Perfecto si está encerrado. No puedes encontrar tu valor, o tu significado, o vivir en tu propósito si no identificas tu plano y operas en tu Yo Perfecto.

Dios te conocía antes de formarte en el vientre de tu madre (ver Jeremías 1:5). Estás hecho para el amor, porque Dios es amor (ver 1 Juan 4:8). Eres adicto al amor, porque estás hecho a su imagen (ver Génesis 1:27). Cuando Él te llama, te llama por tu nombre a una vida de amor (ver Mateo 4:18-22). El filósofo Keith Ward lo dijo así:

> El mundo real es un mundo de espíritus finitos, seres de experiencia saturada de valor y propósito creativo, que existen dentro de un espíritu supremo de conciencia y valor sin restricciones. La vida humana no es un parpadeo de conciencia sin sentido en una máquina indiferente y finalmente en decadencia. Es una consciencia en desarrollo mediante espíritus finitos (pero por desgracia no siempre en desarrollo) de la consciencia y propósito más amplios del espíritu supremo dentro del que existen, y con el que es su meta inherente unirse en ese estado dichoso de deseo completado que es denominado amor.[2]

Muchas personas anhelan y buscan este estado dichoso en cosas terrenales, pero sin embargo no puede existir lejos de Dios, quien es amor. Tenemos que ver su imagen reflejada en nosotros si verdaderamente queremos entender nuestro particular plano para la identidad. La ciencia y las Escrituras muestran que estás particularmente diseñado para reflejar su amor a la creación. Pero ¿cómo puedes reflejar su gloria si no puedes verla en ti? Abraham y Daniel decidieron ser las personas que Dios quiso que fueran, y ambos hombres actuaron en su Yo Perfecto (ver Génesis 12—15; Daniel 6). ¿Puedes tomar esa misma decisión? ¿Puedes crecer hacia el yo ordenado por Dios al desatar tu Yo Perfecto?

Aunque quizá creas que no puedes, ¡en verdad sabes quién eres! Tu identidad fluye de tu forma de pensar, hablar y actuar, no importa lo mucho que intentes suprimirlo. La investigación muestra que, al pensar, influencias tu expresión genética y conviertes tu interpretación distintiva en pensamientos físicos, pensamientos que son distintos a los de todas las demás personas. Tú has sido diseñado con una hermosa forma de pensar, evidente desde tu infancia, que encaja en tu destacado e inigualable Yo Perfecto. Se te ha concedido una pieza divina de eternidad (ver Eclesiastés 3:11). Cuando intentas suprimir tu identidad, lo cual ocurre cuando reaccionas negativamente a las circunstancias de la vida, sales de tu Yo Perfecto y creas un ambiente tóxico.

Sin embargo, tú no estás definido por el lugar donde estás o hayas estado, sino más bien por el lugar donde *estarás*. Descubrir quién eres en lo más hondo de tu ser es un viaje, y puede ser un viaje asombroso, ¡dependiendo de la actitud que adoptes! Mientras más te adentres en tu Yo Perfecto, más sabiduría desarrollarás, lo cual aumentará tu capacidad de acceder y vivir en el amor de Dios, y reflejar ese amor a un mundo lleno de dolor y sufrimiento. Entrar en tu Yo Perfecto ¡te hace humilde, y no orgulloso! Como destaca el columnista del *New York Times* David Brooks, la humildad es un bajo ensimismamiento, no una baja autoestima.[3] ¡Aquello en lo que más pienses crecerá! Si tú, tus talentos y tus problemas es en lo único que piensas, te conviertes en tu propio ídolo, y esto no solo es tóxico para tu salud, sino que también es una forma de orgullo. El universo no gira en torno a una sola persona. Tú estás diseñado para servir y amar a otros, como hizo el Mesías. Sin duda, una de las mejores formas de superar un problema es ¡salir y dar a otros!

La decisión de abrir tu Yo Perfecto y poner en práctica el plano de tu identidad es tuya. Mientras más abras tu Yo Perfecto:

> Más milagros activarás en tu vida y en las vidas de las personas que te rodean.

Más inteligente serás, ya que tu Yo Perfecto está relacionado con tu intelecto.

Más dones, habilidades y destrezas desarrollarás.

Más mejorarán tus relaciones.

Más mejorará tu salud mental.

Más mejorará tu salud física.

Más encontrarás gozo en la vida.

Más verás a otros con los ojos de Dios.

Más humilde serás, porque verás la magnificencia de Dios en ti.

Más te entenderás a ti mismo y a otros.

Más desearás entender y ayudar a tu prójimo.

Más celebrarás a otros en vez de envidiarles.

Cuando las personas van en pos de una identidad alejadas de Dios, eso les conduce a la confusión. Mientras más entres en tu Yo Perfecto, más entenderás el plano de tu identidad, tu propósito y tu parte en su reino. Sócrates dijo una vez que no vale la pena vivir una vida que no se examina. Este libro te dará las herramientas para examinar tus pensamientos y abrir tu brillante Yo Perfecto. Te capacitará para responder cuando Jesús te llame, *por nombre*, para participar en la gran tarea de edificar el reino. Te permitirá usar y multiplicar los talentos que Él te ha dado (ver Mateo 25:14-30), reflejando su gloria, llevando su imagen y trayendo *el cielo a la tierra*.

Esa, verdaderamente, ¡sí es una vida que vale la pena vivir!

Reconocimientos

Todos mis años de estar en este campo me han dado el privilegio de conectar directa e indirectamente con muchas personas, y quiero reconocerles a todos, porque ustedes me han mostrado lo que necesitaba expresar el material de este libro: la importancia de sus experiencias únicas y la importancia de ustedes. Ustedes me han ayudado a entender la necesidad de ayudar a las personas a encontrar su Yo Perfecto.

Jessica, mi asistente de investigación e hija, eres verdaderamente un apoyo magnífico, y reconozco nuestras horas de discusiones sobre este libro mientras me escuchabas al trabajar en los conceptos en voz alta, y tu destacada y honesta edición. Es un privilegio y un placer trabajar contigo.

Mi preciosa familia, Mac, Jessica, Dominique, Jeffrey y Alexy, reconozco su inagotable amor y apoyo…¡no hay nada igual!

El equipo de Baker: una vez más, me ha emocionado y bendecido su apoyo profesional y amoroso. Han llegado a ser como una familia para mí y a desempeñar un enorme papel a la hora de hacer accesible mi trabajo a tantas personas de una forma tan excelente. Gracias, Chad, Mark, Lindsey, Patti, Erin, Dave, Karen, Colette, Eileen y el resto del equipo de Baker: ¡son verdaderamente asombrosos! Les reconozco y les doy las gracias.

PARTE
UNO

1

El panorama completo

La inescapable naturaleza del verdadero
hombre es que la autenticidad prospera
independientemente de la externalidad.

Jeffrey Leaf, escritor

En una discusión con mi hijo una mañana ventosa sobre cómo la literatura le inspira y cómo él observa la vida, me dijo: "Mamá, cuando siento el viento golpeando contra mi cara me hace sentir una emoción que de otra forma no sentiría, y las palabras comienzan a revolotear por mi mente; me transporto literalmente a otro mundo. Me acuerdo del inescapable paso del tiempo". Sin embargo, siguió diciendo, y con mucha razón: "Mamá, cuando sientes el viento, piensas en la acción cuántica en el cerebro, en probabilidades que colapsan y en la metacognición, y el impacto físico de las decisiones tóxicas como las hojas cayendo de un árbol. Pensamos de forma muy distinta".

Esta corta conversación provee un buen resumen de treinta años de mi investigación y la pregunta que ha desconcertado a filósofos durante años. Sin duda, subraya una pregunta que está considerada como uno de los problemas más difíciles de la ciencia: ¿Qué es la experiencia subjetiva consciente? ¿Por qué nosotros, como seres humanos individuales, percibimos la realidad de formas tan diferentes? ¿Cómo es posible que todos tengamos los mismos "colores" en la vida, para usar la analogía de un artista, y a la vez pintemos cuadros tan distintos? Tanto mi hijo como yo tuvimos lo que se conoce como una *quale* durante esa conversación, o una experiencia subjetiva y personal como reacción a una estimulación sensorial recibida (el viento).[1] Nuestras respuestas individuales y únicas fueron inspiradas y dirigidas por nuestro plano individual y particular del diseñador: nuestro Yo Perfecto.

Cómo se siente la experiencia

La experiencia, cómo se siente "eso", es todo menos abstracto. A lo que nos referimos cuando decimos que sentir el viento suscita una "experiencia" es que produce algo en *nosotros* en particular. Es una experiencia exclusiva para nosotros. Quizá sintamos una o varias emociones entretejidas en nuestra memoria al percibir algo tan sencillo y hermoso como el viento; para mi hijo, específicamente, observar las hojas secas le hizo sentirse calmado y pacífico, y fue una experiencia trascendente. Para mí, sin embargo, fue una analogía del proceso científico de desintoxicar la mente y, por lo tanto, el cerebro.

Si una experiencia consciente saludable es lo que se siente al estar en tu Yo Perfecto, entonces "cómo es" para ti significa el conjunto específico de asociaciones que has hecho previamente a través del filtro de tu Yo Perfecto. Estas asociaciones (los pensamientos, sentimientos y emociones que has construido en tu mente) se han automatizado en recuerdos de larga duración al pensar en ellos repetidamente durante el tiempo, y el estímulo actual que interactúa con esos recuerdos de larga duración los trae a tu conocimiento consciente. Esto es lo que damos a entender cuando decimos: "Así es como *yo* pienso, como *yo* siento, como yo *decido*; esta es *mi* forma de pensar, así es como *yo* estoy hecho". Los recuerdos activados mediante estímulos provenientes de la vida, o de tus pensamientos internos, o de ambos, y el conjunto de estados emocionales asociados con cada uno de esos recuerdos, es completamente original y exclusivo para ti: tu plano para tu identidad.

Así que tu Yo Perfecto es como un filtro, y cuando el filtro está cerrado por la baja autoestima o el pensamiento tóxico, no eres libre para ser tú. A todos nos ha pasado: cuando sentimos que hay una batalla en nuestro interior, como si la persona en la que me he convertido estuviera luchando con quien realmente soy en lo más hondo de mí. Cuando salimos de nuestro Yo Perfecto, estaremos en conflicto y esto nos hará sentir frustrados e infelices, e incluso temporalmente reducirá nuestra inteligencia y potencialmente llevará a una mala salud mental.

Nuestro Yo Perfecto opera, es decir, que se abre, en ambientes de amor. El amor cambia la naturaleza física alrededor de todas las 75-100 trillones de células de nuestro cuerpo, y nos da el valor para enfrentar y lidiar con bloqueos y cerrojos de nuestro Yo Perfecto. Cuando aprendemos a enfocarnos en nuestro Dios, que es amor, y lo que Él dice de nosotros, aprendemos a aceptar nuestra identidad única y a descubrir quiénes somos en realidad en Él (ver 1 Juan 4:8). A fin de cuentas, ¡tenemos su amor, poder y dominio propio (ver 2 Timoteo 1:7)!

Un modelo de cómo pensamos, sentimos y decidimos

He pasado los últimos treinta años investigando, desarrollando y ampliando mi modelo teórico y conceptual para explicar nuestro "dominio propio", el cual llamo el Modelo Geodésico de Procesamiento de Información.[2] Este modelo conceptualiza cómo pensamos, sentimos y decidimos de forma única, mediante el filtro de nuestro Yo Perfecto, y el efecto causal que tiene sobre nuestro cerebro y, por lo tanto, sobre nuestra conducta. Más específicamente, traza el camino de información-procesamiento desde la etapa de la entrada, que puede ser externo a través de los cinco sentidos o interno a través de los recuerdos, o ambos, hasta la etapa de salida, un camino que usa el pensamiento deliberado y *consciente*. Mi teoría sustenta este libro, así que he incluido en él mi versión actualizada del modelo (ver páginas 94-95), usando las teorías de la física cuántica ampliadas por Henry Stapp para justificar la conexión mente-cerebro.[3]

Geodésico significa un enfoque global y exhaustivo del pensamiento y el aprendizaje, que tiene una naturaleza cuántica que abarca todo, y a la vez justifica la individualidad. Este modelo contrasta con los enfoques tradicionales conductistas y cognitivos que son más clásicos en naturaleza y limitados, y no pueden servir para la particularidad del Yo Perfecto y el papel crucial del pensamiento, sentimiento y toma de decisiones individuales. De ahí que he propuesto una estructura para una concepción metafísica de la conexión mente-cerebro, incluyendo la particularidad del Yo Perfecto.

En este modelo geodésico, la mente está dividida en los niveles no consciente y consciente. La estructura del Yo Perfecto reside dentro del nivel no consciente, y se describe mediante el Perfil CU en el capítulo 6 de este libro. El modelo en general refleja el procesamiento de información mediante el pensamiento consciente e intencional del individuo, el cual causalmente afecta a la estructura del cerebro. Así que cada individuo, con su interpretación única de la vida, juega un papel crucial a la hora de efectuar el cambio conductual y emocional en su propia vida, así como dejar una huella de este cambio en el cerebro. Esta forma de abordar la neurociencia cognitiva está en consonancia con la física cuántica. No solo dirigimos nuestros cambios conductuales, emocionales e intelectuales, sino que también creamos un cambio estructural en nuestro cerebro y nuestro cuerpo como resultado de nuestros procesos de pensamiento individualistas y complejos.

Describo el papel de los niveles no conscientes y conscientes de la mente usando la física cuántica para explicar la interacción mente-cerebro, en contraste con solo correlacionar la actividad cognitiva con la conducta del cerebro. Como destacan los científicos Henry Stapp y Jeffrey Schwartz, la física cuántica proporciona una forma de analizar el complejo funcionamiento cortical superior que se produce entre la mente y el cerebro. Es una forma eficaz de subrayar el impacto del Yo Perfecto (nuestro pensamiento, sentimiento y toma de decisiones individual) sobre el funcionamiento físico y conductual, o lo que Stapp denomina "la operación psico-física".[4]

La mente controla el cerebro

Es importante recordar que nuestro pensamiento cambia la estructura de nuestros cerebros porque nuestras mentes están separadas de nuestros cerebros. Tu mente controla tu cerebro; tu cerebro no controla tu mente. Tú cambias tu cerebro; tu cerebro no puede cambiarse a sí mismo. Cuando piensas, sientes y decides, estás actualizando tu experiencia, y eso queda reflejado en los cambios estructurales y funcionales en tu cerebro: de forma literal y a la vez figurada estás construyendo recuerdos. Tu cerebro responde a lo que haces, de modo que si existe comunicación y un cambio conductual e intelectual, entonces el cerebro ha sido cambiado por la mente y este cambio se expresa mediante palabras y acciones.

Este modo de pensar sobre el cerebro es relativamente nuevo en la ciencia. A mitad de la década de 1980, cuando yo iniciaba mi trabajo de posgrado, con frecuencia me preguntaba a mí misma si la mente podía cambiar el cerebro. Observaba el increíble progreso de los pacientes con lesiones cerebrales en mi consulta, y de niños desaventajados y con problemas de aprendizaje en las escuelas donde trabajaba, quienes, a pesar de sus discapacidades físicas, lograban resultados extraordinarios mediante su determinación positiva y el trabajo duro.

He trabajado con pacientes con todo tipo de discapacidades vocales, de lenguaje, del habla y del aprendizaje; lesiones cerebrales traumáticas; síntomas cognitivos y de afasia, después de derrames cerebrales y ataques al corazón; parálisis cerebral; autismo; problemas emocionales; y trauma. Mis pacientes que sufrían lesiones cerebrales traumáticas mejoraron significativamente su rendimiento cognitivo, conductual, académico e intelectual después de haber sido expuestos a las técnicas mentales intencionales que yo había desarrollado. Mediante el uso de sus mentes, fueron capaces de cambiar la estructura física de sus cerebros tal como se evidenciaba en sus cambios conductuales. Un patrón regular de cambio positivo comenzó a surgir entre los pacientes y clientes con los que yo trabajaba, incluso en los casos más desafiantes. Estadísticamente, esa mejora variaba desde el 35 al 75 por ciento mientras ellos practicaban una conciencia autorregulatoria y un pensamiento profundo e intencional, repetidamente, durante largos periodos de tiempo. De hecho, empleé veinticinco años trabajando de modo práctico en zonas muy empobrecidas de Sudáfrica además de mi consulta, lo cual me permitió trabajar con ambos extremos del espectro económico. Vi regularmente cambios cognitivos, emocionales y conductuales en los estudiantes y los adultos que *decidieron* de modo intencional y deliberado utilizar sus mentes de manera muy disciplinada, coherente y consciente.

Nunca olvidaré la notable historia de uno de mis pacientes, una muchacha de dieciséis años que tuvo una lesión cerebral traumática como resultado de un grave accidente de tráfico. Recientemente había salido de un coma de dos semanas y se desempeñaba en la escuela como si estuviera en un nivel de cuarto grado, en lugar de hacerlo en un nivel de duodécimo grado como sus compañeros. Utilizando el proceso de cinco pasos de aprendizaje autorregulatorio y consciente que yo había desarrollado, trabajé con esa joven individualmente. Ella estaba decidida a ponerse al nivel de sus compañeros, y yo creía que podía llegar a alcanzar sus niveles anteriores de rendimiento académico. En un periodo de ocho meses se produjo el "milagro": esta joven pudo graduarse de la secundaria con su propia clase y después estudió en la universidad. De hecho, comparado con antes del accidente, su coeficiente intelectual aumentó veinte puntos, y su rendimiento académico global mejoró. (He documentado este caso en mi tesis para la maestría[6]). Eso era muy inusual, pues la investigación mostraba que normalmente lo contrario era el caso en el traumatismo craneal; una tendencia negativa se convirtió en otra tendencia positiva por medio del trabajo intencional mental. Sin embargo, este no es el final de la historia. Las habilidades emocionales, de autoevaluación y autosupervisión de la joven también mejoraron, aunque fueron tratadas indirectamente durante sus sesiones clínicas, indicando que el cambio mental incluye cambios intelectuales y emocionales. Sin duda, como cristiana yo sabía que ella tenía control sobre su mente y que podía cambiar su modo de pensar (ver Romanos 12:2; 2 Corintios 10:3-5; Filipenses 4:6-8). ¡Incluso el significado griego de *arrepentimiento* significa "cambiar la *mente*"!

Tu cerebro realmente puede cambiar

En aquella época en los años ochenta, sin embargo, muchos científicos creían que un cerebro dañado no podía cambiar. A profesionales del cuidado de la salud y la terapia como yo misma se nos había enseñado a ayudar a nuestros pacientes a compensar las discapacidades cerebrales y la mala salud mental; la recuperación total estaba, en su mayor parte, fuera de consideración. Sin embargo, nuevas técnicas de imagen cerebral como la tomografía de emisión de positrones (PET, una herramienta diagnóstica de medicina nuclear) y más adelante la resonancia magnética (RM) y la resonancia magnética funcional (fRM) comenzaron a transformar la manera en que entendíamos la memoria y la cognición. Estos avances tecnológicos, que pueden observar un nivel básico del cerebro en acción en directo, nos han enseñado, y nos siguen enseñando, que distintas zonas del cerebro se vuelven metabólicamente activas durante varias tareas, y nos han permitido mejorar el diagnóstico y la cirugía, y prevenir cirugías innecesarias en las áreas de salud cerebral y corporal. Algunos de mis mejores amigos son neurocirujanos, y verlos en acción es aleccionador e inspirador.

De hecho, uno de los avances clave proveniente del desarrollo de la tecnología de imagen cerebral ha sido el descubrimiento de la *neuroplasticidad*, que es la habilidad del cerebro de volver a crecer como respuesta a la estimulación mental. La neuroplasticidad, junto la *neurogénesis* (el nacimiento de nuevas neuronas) y la física cuántica, nos ha dado una manera de explicar cómo puede cambiar el cerebro como respuesta a la acción mental, ayudándome a entender más profundamente los resultados de mi propia investigación, ¡y sin duda proveyendo un gran regalo a la ciencia!

El problema de exagerar los escanes

Existe un peligro, sin embargo, en considerar esos escanes como un mapa de ruta confiable y detallado de la consciencia humana. Como señala Schwartz:

> Ni siquiera la resonancia magnética funcional más detallada nos da más que la base física de la percepción o consciencia; no se acerca a explicar cómo es *desde el interior*. Tampoco explica el primer sentimiento de color rojo de la persona. ¿Cómo sabemos que es lo mismo para diferentes personas? ¿Y por qué estudiar mecanismos cerebrales, incluso a nivel molecular, proveerá jamás una respuesta a esas preguntas? Cuando pensamos en ello, es un poco peculiar creer que cuando hemos tratado una clara cadena causal entre eventos moleculares dentro del nuestro cráneo y eventos mentales, los hemos explicado suficientemente, y menos aún que hemos explicado la mente en su totalidad. Si no es otra cosa, existe un grave peligro de caer en un error de categoría aquí asignando a grupos de neuronas propiedades que no poseen; en este caso, consciencia.[7]

No somos meramente el "encendido de nuestras neuronas en un escán colorido". Como en la conversación del viento que mencioné al principio de este capítulo, cada uno de nosotros percibe la realidad de una manera que es maravillosamente única para nosotros. Puede que tengamos los mismos tipos de estructuras y células neuronales, el mismo tono de matices y colores, pero cada uno tiene su propio cuadro que crear.

Necesitamos ser conscientes de lo que la Fundación Dana denomina *neuroreduccionismo*. El neuroreduccionismo es un síntoma del materialismo generalizado que domina nuestra sociedad actual, del cual hablaremos con más detalle en el capítulo 4. Esencialmente, los materialistas reducen las explicaciones a material físico, como átomos de las neuronas en movimiento en un escán cerebral. En un reciente trabajo, la Fundación Dana observó cuántos científicos sucumben a este razonamiento materialista y se han apresurado a adoptar nuevas tecnologías para examinar la correlación fisiológica o anatómica entre conducta y pensamiento. Las aportaciones más importantes de la resonancia magnética serán estudios de la estructura del cerebro, y no los intentos conceptualmente erróneos en la actualidad por localizar funciones cognitivas y consciencia. El problema conceptual clave al que se enfrentan quienes relacionarían los procesos cognitivos con la actividad cerebral es su suposición implícita de que la mente engloba partes separadas que pueden ser aisladas y examinadas independientemente unas de otras. Esta premisa supone que los hipotéticos procesos cognitivos producidos por el cerebro interactúan linealmente (sencillamente se puede añadir o sustraer uno del otro, contrariamente a ser funciones multiplicativas complejas de uno con el otro) y que mantienen sus mismas propiedades cuando se utilizan en distintas tareas. Por ejemplo, supone que un componente de un proceso de un tiempo de reacción (como el tiempo que requiere elegir una respuesta) sigue siendo el mismo independientemente de cuántos estímulos se presenten simultáneamente. Este segundo criterio es una de las suposiciones más frágiles que subyacen en la actual estampida de trabajo que busca las ubicaciones en el cerebro de lo que yo creo que es más probable que sean el resultado de mecanismos neurales muy interconectados, ninguno de los cuales opera en total aislamiento de otras zonas cerebrales.[8]

Estos tipos de explicaciones científicas operan en aislamiento, mientras que el universo está inherentemente interconectado: desde el nivel macro hasta el nivel subatómico y el nivel de las ondas cuánticas de energía; esto es evidente en todo el mundo natural. Sin duda, vemos esta interconectividad en la Escritura. En Efesios 4:16, por ejemplo, Pablo destaca que Dios *"hace que todo el cuerpo encaje perfectamente. Y cada parte, al cumplir con su función específica, ayuda a que las demás se desarrollen, y entonces todo el cuerpo crece y está sano y lleno de amor"* (NTV). ¡Nos necesitamos los unos a los otros!

Aunque la imagen por resonancia magnética funcional (fRM) se ha convertido en una forma cada vez más popular de investigación en la neurociencia, la psiquiatría y la psicología durante los últimos veinticinco años, un reporte esclarecedor de la Universidad Johns Hopkins cuestiona todo ese campo. Según los investigadores:

Se han publicado más de 40.000 estudios utilizando fRM, pero los métodos utilizados en la investigación con fRM pueden crear la ilusión de actividad cerebral donde no hay ninguna hasta el 70% de las veces. Eklund, junto con sus colegas en Suecia y el Reino Unido, Thomas Nichols y Hans Knutsson, investigaron los programas de software que se utilizan comúnmente para analizar datos de fRM, y descubrieron que las suposiciones hechas por esos programas conducían a un elevado grado de falsos positivos, hasta el 70% comparados con el esperado 5%. Los falsos positivos son importantes, ya que pueden hacer parecer que una zona concreta del cerebro se está "iluminando" como respuesta a los estímulos, cuando de hecho no está sucediendo nada parecido.[9]

Esos "falsos positivos" pueden conducir, y han conducido, a varias afirmaciones erróneas que realmente restan de la singularidad del pensamiento y la responsabilidad de los seres humanos. Esencialmente se convierte en un relato triste y confuso que dice: "mi cerebro me hizo hacerlo". La experiencia individual y única queda reducida al movimiento de neuronas o, para utilizar la analogía de la pintura, el cuadro queda reducido a sus colores individuales y su constitución química.

No hay duda de que la actividad mental tendrá una compleja actividad neural asociada en el cerebro. El cerebro es, después de todo, el sustrato mediante el cual trabaja la mente. Y el cerebro debería ser complejo: ¡fuimos creados a imagen de un Dios complejo! Sin embargo, hay límites en lo que podemos aprender, incluso con estos maravillosos y nuevos aparatos de imágenes, especialmente si los experimentos están basados en la hipótesis simplista y reduccionista de que los módulos cognitivos pueden ser aislados en zonas concretas del cerebro, con la suposición de que esas regiones producen esa conducta de pensamiento específica.

De hecho, el estudio de Hopkins no fue el primero en advertir contra el uso desinhibido de las fRM en la neurociencia. En el año 2009, investigadores de la Universidad de Dartmouth advirtieron de los peligros del efecto del falso positivo. Durante un experimento, situaron a un salmón del Atlántico muerto en la fRM y "mostró una serie de fotografías describiendo individuos humanos en situaciones sociales". Los datos producidos por la tecnología por imagen hacían parecer como si un salmón muerto percibiendo humanos pudiera mostrar su estado emocional".[10] Si una fRM puede mostrar a un salmón muerto como capaz de leer emociones humanas, sin duda alguna necesitamos cuestionar esta tecnología como la "prueba" de que el libre albedrío y la consciencia son ilusiones bonitas, pero tristes. Es más probable que la actividad mental represente una entidad indivisible e interrelacionada que no puede ser dividida en sus partes físicas.

Por consiguiente, he decidido alejarme del neuroreduccionismo hacia un enfoque conductual cognitivo y metacognitivo más integrado. Yo evalúo los cambios en el lenguaje, intelectuales, conductuales, académicos y emocionales antes y después de una intervención consciente y pensada, utilizando técnicas que desarrollé durante mis treinta años de investigación y práctica.

El poder de la decisión

La faceta más importante de toda mi investigación y práctica, sin embargo, es la *decisión* individual. En el momento en que las personas reconocen el poder de su mente, la individualidad de su pensamiento y cómo tener control sobre sus vidas, son verdaderamente capaces de transformar su mundo. Cuando las personas se ven a sí mismas del modo en que Dios las ve, como sus obras maravillosas y reflejos particulares de su imagen, entonces ven lo que hay en su interior y perciben el universo de una manera diferente (ver Salmos 139:14). Cada uno de nosotros debe ser un portador de su gloria en nuestra propia única manera; todos tenemos una manera hermosa de administrar la eternidad (ver Eclesiastés 3:11; Génesis 1—2). La conciencia propia viene de reconocer al Yo Perfecto: *tu verdadero yo*. Eso te cambia desde dentro hacia fuera. Eres liberado. Esto es mucho más que "encontrar tu propósito". Se trata de encontrarte a ti mismo.

Todos queremos saber quién es Dios. Reflejamos su imagen. El mundo se perderá algo si no operas en tu Yo Perfecto: tú eres una parte específica de su reflejo, la pieza que falta y que aporta al mundo una perspectiva y esperanza únicas. No hay nadie como tú, lo cual significa que hay algo que tú puedes hacer y que ninguna otra persona puede hacer. Debido a tu Yo Perfecto, tu experiencia de la vida mejorará la mía. Cuando no eres tú mismo, todos nos perdemos una parte de conocer mejor a Dios, ¡porque tú reflejas su imagen de una manera única y hermosa!

Solo tú puedes ser tú con tu tipo especial de "ser tú" o "singularidad". Eres un observador con tu propio único Yo Perfecto tomando tus propias decisiones únicas. Yo, a su vez, tengo mi Yo Perfecto único y tomo mis propias decisiones. Ambos enriquecemos la experiencia mutua; es decir, enriquecemos mutuamente el Yo Perfecto caminando el uno junto al otro y *celebrando* nuestras diferencias.

Y operar en tu Yo Perfecto es también un modo en que celebras quién *eres tú*. En un mundo donde con frecuencia nos dicen que no somos dignos o no estamos a la altura de una norma en particular, esta celebración es fundamental. No podemos vivir verdaderamente para Dios o transformar nuestras sociedades si aborrecemos lo que vemos en el espejo. Tu Yo perfecto está entretejido de manera tan profunda e intrínseca en el tejido de quién eres tú, que cuando lo reconoces, desarrollas una conciencia íntima y un deseo de la necesidad de ser tú mismo. Reconoces que quien eres tú es fundamentalmente bueno (ver Génesis 1:31).

Además, tu propio Yo Perfecto es *más* que suficiente. Cuando comienzas a entender tu Yo Perfecto y su estructura, porque llegar a entender plenamente tu Yo Perfecto es un viaje que dura toda la vida, puedes caminar con anticipación y libertad, regocijándote *a pesar* de las circunstancias. Tu Yo Perfecto te hace libre para ser quien eres y para hacer lo que amas. Operar en tu Yo Perfecto produce satisfacción y contentamiento. Revela tus cualidades más profundas, que están unidas en amor, gozo, paz, paciencia, benignidad, fidelidad y dominio propio (ver Gálatas 5:22-23). Es esperanzador; nunca se rinde, soportando cada circunstancia.

Tu Yo Perfecto es dinámico y siempre cambiante. Es la clave para entender las experiencias de la vida y las lecciones que has aprendido, para actualizar tu mentalidad y darte la oportunidad de caminar hacia el futuro con un potencial ilimitado para llegar hasta tu propio éxito. Tú, como el observador, sigues actualizando tus experiencias a medida que salen a la luz nuevos datos, moldeando el modo en que enfocas el mundo.

Operar en tu Yo Perfecto es el modo en que decides ver tu mundo lleno de amor en lugar de temor. Es lo que todos deseamos, de modo que la impaciencia y la falta de bondad, la irritabilidad, el orgullo y la presunción, la amargura, la falta de perdón, malas decisiones y el trauma, todo lo cual interrumpe esta satisfacción, nos hace buscar que recapturemos este "sentimiento" de Yo Perfecto en un intento por restaurar el orden en nuestras mentes y nuestros cuerpos. El Yo Perfecto también te aleja de las mentalidades de vergüenza y culpabilidad, el pensar: "lo hice, debería haber, podría haber, habría hecho". Puedes entrar en una mentalidad de esperanza, de las posibilidades y actitudes ilimitadas que puedes escoger cuando aparecen nuevas oportunidades.

El Yo Perfecto te llevará de errar el blanco de ser hecho a imagen de Dios a entrar en quién eres verdaderamente. De este modo, pasarás del trauma a la libertad, del dolor a la paz, de la indecisión a la acción, de la confusión a la claridad, de la envidia a la celebración, de la frustración a la anticipación, de estar abrumado a ser hecho libre, del temor a la valentía, de evitar problemas a tener el valor de enfrentarlos, de pensamientos paralizantes a capturarlos, de la pasividad a la pasión, y de la desesperanza a la esperanza. Te ayudará a entender lo que estás administrando y cómo seguir siendo un buen administrador de tu vida a pesar de lo que aparezca en tu camino. Si entiendes tu Yo Perfecto, entenderás cómo piensas, sientes y decides y, por lo tanto, cómo renovar tu mente, capacitándote para enfrentar los retos de la vida (ver Romanos 12:2).

Desde luego que todos pensamos, sentimos y decidimos, pero tu Yo Perfecto te ayudará a entender cómo tú específicamente piensas, sientes y decides. Es nuestra identidad, nuestro modo de ser auténticos con nosotros mismos. La identidad es intrínseca a nuestra naturaleza, de modo que siempre estamos buscando el Yo Perfecto. Es el núcleo de quienes somos, y necesitará ser satisfecho de un modo u otro.

Encontrar una identidad estable

En nuestra actual sociedad posmoderna, puede volverse muy confuso encontrar cualquier identidad estable, de modo que es fundamental que comencemos a entender lo que significa ser creados a imagen de Dios. Cada uno de nosotros necesita encontrar su imagen, porque si no lo hacemos, el mundo nos etiquetará. Nos convertiremos en cualquier cosa en la que más nos enfoquemos. Los israelitas cambiaron su gloria (su Yo Perfecto como portadores de la imagen de Dios), por la imagen del becerro de oro, y también nosotros podemos perdernos a nosotros mismos intentando ser lo que no fuimos llamados a ser (ver Éxodo 32:4; Romanos 1:18-25). Nos convertimos en lo que amamos, de modo que debemos aprender a amar a nuestro Dios viendo su increíble pedazo de eternidad en nuestro interior. Enfocarnos en Dios aumentará la autenticidad de nuestro Yo Perfecto; ninguna otra cosa nos satisfará.

Cuando lees sobre los logros de alguien y adoptas como propio su mapa de ruta, su plano para la identidad, limitarás adónde puede llevarte tu Yo Perfecto. Tú solamente puedes ser *tú*. Quien eres en lo hondo de tu ser saldrá al exterior, por mucho que intentes reprimirlo o cambiarlo. El Yo Perfecto te permite amar, salir de ti mismo, pero no podrás llegar a ser la expresión más plena del diseño y el plan de Dios si vives con duda o incomodidad, o si minas constantemente tu don intentando copiar el Yo Perfecto de otra persona.

A fin de mantener una perspectiva y un patrón coherentes en tu vida, tu espíritu, tus pensamientos, sentimientos, decisiones, palabras y acciones deben estar alineados. Por lo tanto, cuando dices algo que tu cerebro no "cree", si tu afirmación no es parte de tu Yo Perfecto, es insostenible y puede volverse tóxico. Puedes intentar con la fuerza que quieras ser otra cosa o alguien distinto a como Dios te ha diseñado, pero eso creará conflicto en tu mente y tu cuerpo, porque en lo profundo de tu ser siempre intentarás regresar a tu inclinación natural: tu Yo Perfecto.

Definición del Yo Perfecto

Pero ¿qué es exactamente tu Yo Perfecto? Es **cómo piensas tú de modo único y específico, cómo sientes de modo único y específico, y cómo decides de modo único y específico.** Estas son funciones de *la mente en acción*: el intelecto, las emociones y la voluntad. La *mente en acción* construye pensamientos. Los pensamientos son las raíces de tus palabras y conductas únicas, las cuales, a su vez, son las manifestaciones visibles de tu Yo Perfecto. Es la manifestación de tu cosmovisión particular.

¿Por qué es tan importante entender tu Yo Perfecto? Es el reflejo de Dios: de él fluyen tu identidad y tu propósito como mayordomo de su creación y su gloria.[11] El Yo Perfecto te empodera para comunicarte y actuar según tu modo único de pensar, sentir y decidir, permitiendo reflejar esta imagen como una luz sobre un monte (ver Mateo 5:14-16).

Si operamos conforme a nuestro diseño divino "alambrados-para-el amor" con el que fuimos creados, actuaremos y declararemos la Palabra a su tiempo, y la paz y la productividad reinarán en nuestras relaciones y nuestras vidas (ver Isaías 50:4). Y a medida que nos esforzamos para entender sin egoísmo las "imágenes" de otras personas, entenderemos mejor a Dios porque cada uno refleja un aspecto de nuestro Dios multifacético. En nuestro Yo Perfecto tenemos todo lo necesario para alcanzar nuestro propósito único y maravilloso: Dios ha plantado eternidad en nosotros, una sensación divina de propósito (ver Eclesiastés 3:11).

Quizá te han dicho una y otra vez que eres "especial", pero realmente no has sido capaz de creerlo. Quizá has descubierto tu Yo Perfecto particular, pero no has estado viviendo ni creciendo en él. Quizá nunca has operado verdaderamente en tu Yo Perfecto, persiguiendo el éxito al imitar las vidas de otras personas. ¡Ya es tiempo de que reconozcas y actives tu Yo Perfecto divinamente pre-instalado!

Puedes descubrir lo que es tu Yo Perfecto aprendiendo su estructura y cómo comenzar a vivir en él: de eso trata este libro. Cuando comienzas este proceso de descubrimiento, te lanzas a toda una vida de cambio duradero. Tu propósito es vivir por encima de ti mismo por medio de reflejar la gloria de Dios a un orden mundial quebrado, pero no puedes compartir tu Yo Perfecto, tu identidad, si está oculto. *"Nadie enciende una lámpara y luego la pone debajo de una canasta"* (Mateo 5:15 NTV). No puedes llegar a tu yo ordenado por Dios si tu Yo Perfecto está bloqueado.

La estructura de este libro es la siguiente. En la parte 1 comenzarás el proceso de entender qué es el Yo Perfecto en términos de tu modo único de pensar, sentir y decidir, y cuán importante es mantenerte en el Yo Perfecto. En la parte 2 aprenderás sobre la filosofía y la ciencia que sustentan el Yo Perfecto. En la parte 3 comenzarás a descubrir tu Yo Perfecto llenando la Herramienta de Evaluación Cualitativa Única (CU) mediante un viaje de más de 300 preguntas que te ayudarán a obtener una mejor comprensión de cómo piensas, sientes y decides de modo único. Y esto tampoco es algo para hacer solo una vez, pues periódicamente y a lo largo de tu vida puedes llenar este perfil tantas veces como quieras, a medida que vas creciendo como persona. También aprenderás sobre la lista de comprobación del Yo Perfecto, una manera sencilla y fácil de utilizar en la cual puedes supervisar si estás operando en tu Yo Perfecto. En la parte 4 aprenderás sobre las zonas de incomodidad y cómo utilizarlas para reconocer y regular cuando estás dentro y fuera de tu Yo Perfecto, librándote de la comparación, la envidia y los celos, cosas que afectan tu salud mental y física. Aprenderás a ser plenamente consciente de lo que está sucediendo en tu cuerpo y tu mente, y a apoyarte en tu propia experiencia en lugar de intentar cambiarla forzadamente. También encontrarás un esquema de resumen que vincula a todos los conceptos del Yo Perfecto en un formato fácilmente accesible. Por último, la parte 4 también te dará una serie de ejercicios estupendos y sencillos para ayudarte a desarrollar y cultivar tu Yo Perfecto.

Aprenderás a lo largo de este libro cómo redefinir lo que significa el éxito para ti. Liberado del molde sofocante de las expectativas, aceptarás tu verdadero plano para la identidad y desarrollarás un claro sentido de propósito divino en tu vida.

Verdadero éxito

Debemos recordar que el éxito, en términos de shalom o prosperidad bíblica, no está definido por una colección de bienes, una acumulación de poder, o dinero en efectivo en el banco. Si esa fuera la fórmula, no habría preocupaciones para quienes están en los niveles económicos más elevados. Más bien, el éxito es vivir el propósito de Dios para nuestra vida, utilizando el Yo Perfecto que Él nos ha dado para transformar nuestra comunidad, y al hacerlo, traer el cielo a la tierra (ver Mateo 6:9-13). Cada uno de nosotros expresará shalom de modo diferente, porque cada uno de nosotros puede hacer algo que otra persona no puede hacer.

Te reto a profundizar en las verdades de este libro como una oportunidad de encontrar el plano de tu identidad: tu Yo Perfecto. Encuéntralo en ti mismo. Encuéntralo en tus hijos. Encuéntralo en tu cónyuge. Encuéntralo en tus colegas en el trabajo. Encuéntralo, porque en tu Yo Perfecto también encontrarás la verdad de las promesas vivas de Dios. No fuiste constituido para batallar. Fuiste constituido para aprender a desarrollarte en medio de los retos de la vida. Realmente eres un conquistador de tu mundo (ver Romanos 8:37). Existen muchos tests de personalidad diseñados para catalogarte y situarte en un molde en particular; pero hay mucho más en ti de lo que un perfil de personalidad puede captar. Tú personificas un plano que no puede categorizarse: tienes un valor de verdad infinito e irreducible. ¡Tú eres *suficiente*!

YO SOY
suficiente

2

Tu Yo Perfecto

Pensar, sentir, decidir

> La tarea es… no tanto ver lo que nadie ha visto
> aún, sino pensar lo que nadie ha pensado aún
> acerca de aquello que todo el mundo ve.
>
> Erwin Schrödinger, físico

El Yo Perfecto es una manera de describir cómo procesamos y mostramos nuestra singularidad, o plano para la identidad, mediante nuestra capacidad de pensar, sentir y decidir. Tiene dos componentes clave: el cerebro y el cuerpo. El cerebro es donde introducimos y almacenamos los pensamientos que decidimos construir con nuestras mentes; la mente controla el cerebro. De ahí que esos pensamientos son el producto físico de pensar, sentir y decidir. El cuerpo, por otro lado, utiliza estos pensamientos para expresar el Yo Perfecto. Este proceso es distinto para cada uno de nosotros.

Esencialmente, el Yo Perfecto es un filtro que diseña cómo procesamos la información como individuos. Está en el centro de nuestro ser, la esencia particular de quienes somos, que yace en nuestro espíritu. Se expresa a sí mismo mediante la mente activa, o mediante cómo pensamos, sentimos y decidimos. Se expresa mediante lo que decimos y hacemos. Debido a nuestro Yo Perfecto, ¡hay algo que cada uno de nosotros puede hacer y que ninguna otra persona puede hacer! Es la manera inimitable en que reflejamos la imagen de Dios.

Usando la ciencia, podemos intentar entender y desplegar la estructura del Yo Perfecto. Tenemos que considerar intencionalmente cómo pensamos, sentimos y decidimos, y el modo en que el cerebro de cada individuo está organizado para reflejar una manera particular de pensar, sentir y decidir.

La mente cambia el cerebro

En la ciencia, podemos considerar cómo la mente afecta y cambia el cerebro. Si el cerebro es el sustrato físico mediante el cual opera el Yo Perfecto, donde nuestros pensamientos están almacenados y desde donde hablamos y actuamos, entonces cada cerebro humano está sintonizado con cada persona. Desde el nivel macro de la estructura de cada parte del cerebro, hasta el nivel micro de las neuronas, el nivel subatómico y el nivel cuántico de vibraciones, todos somos diferentes. ¡Incluso nuestras proteínas vibran de diferentes maneras![1] La mente está íntimamente relacionada con la estructura cerebral: la mente única se expresa mediante el cerebro único.

En efecto, tus respuestas únicas a ciertos estímulos como películas, alimentos, celebridades y palabras pueden parecer triviales, pero dicen mucho sobre ti. Investigadores de la Universidad de Binghamton han descubierto que pueden identificar a diferentes personas por la ondulación cerebral de las respuestas.[2] De igual manera, cada uno incluso tiene su sentido único del olfato, denominado huella olfativa.[3] Nuestras perspectivas del mundo están reflejadas en la arquitectura de nuestros cerebros.[4]

Cuando pensamos, sentimos y decidimos, nuestras mentes procesan el conocimiento entrante y cambian la constitución o el alambrado de nuestros cerebros. Por lo tanto, si sintonizamos conscientemente con nuestra habilidad para pensar, sentir y decidir prestando atención a nuestros pensamientos, podemos entender nuestro Yo Perfecto, el centro mismo de quienes somos: ¡nuestro plano para la identidad! Para descubrir quién eres y para qué estás hecho, tienes que entender cómo interactúan tu mente y tu cerebro, y puedes hacerlo entendiendo tu modo de pensar, sentir y decidir.

Pero ¿qué son estos pensamientos? Esencialmente, la materia o sustancia del cerebro es en realidad una apariencia de cómo se ve tu mente (tu modo de pensar, sentir y decidir), de modo muy parecido a como un cuadro refleja las percepciones del artista. Un cuadro no es meramente un conjunto de colores sobre un lienzo; es una expresión del Yo Perfecto del artista.

En otras palabras, tu modo de pensar, sentir y decidir realmente crea materia. Tus recuerdos físicos están formados por proteínas que se expresan mediante tus genes, los cuales son encendidos o apagados por tus pensamientos. Estos pensamientos producen fruto: las palabras y acciones que son exclusivas para ti son una construcción de *tu* mente. Por lo tanto, tu mente no es solo única, sino también poderosa, ya que tiene el poder de crear realidades (pensamientos físicos formados por proteínas) de las probabilidades de percepción (señales de pensamiento).

No es, por lo tanto, ninguna sorpresa que 2 Timoteo 1:7 nos diga que tenemos amor, poder y dominio propio. Mediante nuestras mentes, cada uno tiene su propia realidad eterna plantada en lo profundo de su ser (ver Eclesiastés 3:11). Somos creados a imagen de Dios, cuya mente, su *logos*, creó el universo: en el principio era la Palabra (ver Juan 1:1). ¡Tenemos la mente de Cristo (ver 1 Corintios 2:16)!

El libre albedrío y el Yo Perfecto

Como supuestamente dijo Albert Einstein: "Yo quiero conocer los pensamientos de Dios; el resto son detalles". La mente de Dios se vuelve integral para entender el Yo Perfecto porque "*en él vivimos, y nos movemos, y somos*" (Hechos 17:28). Dios nos ha diseñado a cada uno de nosotros para ver materia y crear materia a nuestra manera particular. La naturaleza de nuestra consciencia, nuestro Yo Perfecto, está *separada* de la consciencia de Dios, pero también proviene *de* la consciencia de Dios.

Sin embargo, existe una incertidumbre dentro de esta naturaleza del Yo Perfecto que subraya la singularidad del modo en que pensamos de modo diferente como individuos. Tu Yo Perfecto es exclusivamente *tuyo*; solamente tú sabes lo que verdaderamente estás pensando, sintiendo o decidiendo en cualquier momento dado. Si alguien te conoce bien, puede atreverse a suponer lo que estás pensando basándose en cómo has actuado en el pasado, pero nunca estará totalmente seguro hasta que tú dices o haces algo. Ciertamente, no solo no puedes decir lo que otra persona está pensando, sino que tampoco puedes decir lo que va suceder a continuación.

Por lo tanto, pensar, sentir y decidir, tu Yo Perfecto, es un lugar en el espacio-tiempo donde decides hacer lo que es bueno o lo que es malo. Nada determina tus decisiones excepto *tú*.

Eso no quiere decir que somos nosotros quienes siempre definimos las circunstancias en que nos encontramos, desde luego. Hay muchas cosas que pueden influenciar nuestras decisiones, ya que ninguno de nosotros vive en un vacío. Sin embargo, nada determina tus decisiones, o el modo en que reaccionas a las circunstancias de la vida, excepto tú. Solamente tú eres responsable y pueden pedirte cuentas por tu modo de reaccionar a lo que sucede en tu vida: tu futuro está abierto, lleno de una eternidad de situaciones y decisiones posibles.

Como vemos en la física cuántica, Dios ha creado un universo probabilista y abierto. Existe un conjunto infinito de posibilidades de percepción. Aunque esto puede sonar complicado, es esencialmente otro modo de describir el libre albedrío y el poder de Deuteronomio 30:19. Podemos escoger la vida o la muerte, bendiciones o maldiciones. La física cuántica, en otras palabras, es una descripción basada matemáticamente de la apertura de elección. Dios utiliza la ciencia para revelar su majestad y el regalo de la libertad que Él nos ha dado.

Einstein también dijo en una ocasión que Dios no juega a los dados con el universo. Él era un físico clásico y creía en un universo racional con leyes específicas que determinaban todo lo que sucedería. A Einstein no le gustaba el concepto de un universo abierto y el libre albedrío, lo cual él denominaba una ilusión. Sin embargo, según la física cuántica, se parece mucho a como si Dios sí jugara a los dados, pero en un sentido amoroso y generoso. Él no nos fuerza a amarlo y servirlo. Él nos diseñó como reflejos inteligentes y únicos de su gloriosa imagen, libres para decidir cómo queremos vivir nuestras vidas. Él se arriesgó mucho al darnos libre albedrío, pero el amor implica riesgo de modo inherente. Como destaca el filósofo Keith Ward: "Si Dios quiso que los seres humanos fueran libres, no determinados, capaces de tomar sus propias decisiones, entonces Dios tendría que jugar a los dados con el universo a fin de permitir que exista la libertad".³ Darnos la libertad de decidir es una profunda demostración de su amor y su deseo de tener una relación íntima con nosotros.

La libertad creativa que tenemos dentro de nuestro Yo Perfecto es una poderosa realidad, no una ilusión. Con nuestro Yo Perfecto construimos pensamientos que se convierten en realidades. Esas realidades son tremendamente importantes porque todo está conectado, primero en Dios y después en los demás. Cada pensamiento que pensamos afecta a todos los demás, y viceversa. Debido a que todo fue creado en Dios y mediante Dios, la creación es intrincada. Y como portadores de imagen, tenemos un efecto particular sobre el mundo y el uno sobre el otro. Fuimos creados para reflejar la gloria de Dios al mundo y reflejar de nuevo las alabanzas de la creación a Dios.

El Yo Perfecto en un mundo intrincado

La física cuántica nos ayuda a entender cuán intrincado es nuestro mundo. Si un fotón cobra existencia a mil millones de años luz desde aquí, nos afecta a nosotros, aunque no notemos que nos está afectando. John Bell, famoso por el Teorema de Bell formulado en la CERN (Organización Europea para Investigación Nuclear; las siglas provienen del nombre original en francés) en Ginebra en 1964, dijo que existe una inseparable conectividad cuántica de cada parte con todas las demás. Sin importar cuán alejadas estén en distancia y tiempo, todas las partículas en una relación se afectan mutuamente: estas relaciones existen por encima del espacio y el tiempo.[6]

Las relaciones, desde luego, no serían relaciones si todos fuéramos lo mismo. Nuestras diferencias moldean y realzan nuestras relaciones. Aunque nunca podemos entender el impacto de nuestros pensamientos sobre todos aquellos que nos rodean, ya que no podemos saberlo todo, podemos obtener una sensación de nuestra interconectividad cuando un ser querido está triste y nuestro corazón sufre, o si vemos las noticias y sentimos compasión por personas que están pasando por circunstancias increíblemente difíciles. Todos tenemos un pedazo de la eternidad de Dios en nosotros, y colectivamente representamos su creación eterna. Él es el sistema completo y nosotros somos las partes en Él. Como las células en el cuerpo humano, nos originamos de una fuente, pero tenemos diferentes funciones dependiendo de quiénes somos y dónde estamos dentro de una comunidad mayor.

Sin embargo, tu Yo Perfecto no es solamente relacional. Define los múltiples roles que tendrás al pasar por la vida: como hija o hijo, madre o padre, amigo, amante, o compañero de trabajo. Se trata de ocupar una carrera profesional y aportar a la sociedad. Se trata de descubrir quién eres y por qué estás vivo.

Dentro de este contexto, vale la pena echar un vistazo a cómo define la Organización Mundial de la Salud la salud mental, que es en realidad otra manera de decir que alguien está en su Yo Perfecto: "La salud mental se define como un estado de bienestar en el cual cada individuo entiende su propio potencial, puede lidiar con los estreses normales de la vida, puede trabajar de modo productivo y fructífero, y es capaz de hacer una aportación a su comunidad".[7] Podemos encontrar esta idea de bienestar mental en 3 Juan 2: *"Querido hermano, oro para que te vaya bien en todos tus asuntos y goces de buena salud, así como prosperas espiritualmente"* (NVI).

Una mala salud mental es lo contrario a lo anterior, ya que estamos operando fuera de nuestro Yo Perfecto, o quiénes somos verdaderamente. Perdemos nuestro sentido de identidad y propósito, lo cual afecta a nuestra capacidad para vivir nuestras vidas. En efecto, cada vez que nos salimos de nuestro Yo Perfecto, estamos destituidos de la gloria de Dios. Nos convertimos en espejos rotos que reflejan la imagen de un mundo quebrado; ya no reflejamos la imagen de un Dios amoroso y misericordioso.

3

Descubrir el potencial de nuestro plano para la identidad

Sin embargo, Dios lo hizo todo hermoso para el momento apropiado. Él sembró la eternidad en el corazón humano, pero aun así el ser humano no puede comprender todo el alcance de lo que Dios ha hecho desde el principio hasta el fin.

Eclesiastés 3:11 (NTV)

Cada persona que se entiende a sí mismo de este modo, como una chispa de lo divino, con alguna pequeña parte del poder divino, entrelazada integralmente en el proceso de la creación del universo psicofísico, será alentada a participar en el proceso de examinar las potencialidades y de moldear la forma de la realidad cuántica en desarrollo que es su derecho de primogenitura ayudar a crear.

Henry Stapp, físico cuántico y matemático

Cuando reconozcamos el poder único que está en nuestras mentes, "examinar las profundidades de nuestra naturaleza divina" se convertirá en una revelación de nuestro sentido de dignidad como seres humanos. Nos permitirá amarnos a nosotros mismos y, a su vez, amar a los demás a medida que reconocemos la chispa divina que también está en ellos (ver Marcos 12:31). Fundamentalmente, nos permitirá amar a Dios cuando aprendamos a apreciar la maravillosa imagen de nuestro Creador (ver vv. 30-31). Como declara el salmista, los seres humanos adoran a su Creador siendo plenamente humanos (ver Salmos 148).[1] Cuando descubrimos cómo somos humanos entendiendo nuestra singularidad, ¡adoramos a nuestro glorioso Creador!

Amor o temor

Esta naturaleza divina se revela mediante nuestro Yo Perfecto. Nuestras poderosas mentes operan mediante el libre albedrío y son creadas por amor (ver Deuteronomio 30:19; 1 Corintios 2:16; 13:13; 1 Juan 4:8). Los ingredientes por defecto de nuestra humanidad son: gozo, paz, paciencia, bondad, benignidad, fidelidad, dominio propio, compasión, calma, inspiración, emoción, esperanza, anticipación, satisfacción, y muchos otros (ver Gálatas 5:22-23). Cuando estamos en nuestra "zona de amor", como me gusta llamarlo, operamos *en* nuestro Yo Perfecto y pasamos al estrés positivo, el cual es bueno para nosotros, ya que nos hace estar alerta y enfocados; el estrés tóxico tiene la reacción contraria, del cual aprenderemos más en el capítulo 8. Nos permite hacer frente a las circunstancias de la vida con verdadera esperanza y alegría, seguir corriendo nuestras carreras a pesar de lo que llegue a nuestro camino (ver Filipenses 2:16; 3:14).

Sin embargo, cuando operamos *fuera* de nuestro Yo Perfecto entramos en la "zona de temor" y experimentamos estrés tóxico. De este temor fluye odio, enojo, amargura, furia, irritación, falta de perdón, falta de bondad, preocupación, autocompasión, envidia, celos, obsesión y cinismo. Ya que cualquier cosa en la que más pensemos crecerá, nos convertimos en aquello en lo que meditamos, lo cual en la zona de temor puede tener peligrosas consecuencias para la salud (ver Lucas 6:45).[2]

La investigación que muestra que las mentalidades de amor son la norma y las mentalidades de temor se aprenden es revolucionaria para los científicos, pero no es nueva si leemos la Escritura.[3] En 1 Juan 4:18 el autor declara: *"en el amor no hay temor, sino que el amor perfecto echa fuera el temor"* (NVI). A lo largo de las últimas décadas, científicos han investigado la anatomía y la fisiología del amor y el temor hasta un nivel molecular, genético y epigenético que puede describirse en detalle. Estos son dos sistemas diferentes, y en cualquier momento consciente estaremos operando en uno o en el otro para cada conjunto de pensamientos que pensamos.

Una actitud es un conjunto de pensamientos con sabor emocional, y cada tipo de emoción tiene una de solo dos raíces: amor o temor. ¿Cómo obtienen estas actitudes un sabor de amor o de temor? Mediante nuestro modo de pensar, sentir y decidir: nuestro Yo Perfecto.

La ciencia, de hecho, nos está mostrando que hay un "desaprendizaje" masivo de pensamientos negativos tóxicos cuando operamos en amor. Podemos desaprender el temor negativo; no es una parte de nuestro funcionamiento innato natural, nuestro Yo Perfecto. Investigaciones recientes neurocientíficas demuestran que algunas de las sustancias químicas que libera el cerebro cuando estamos operando en nuestro Yo Perfecto incluyen la oxitocina, que literalmente funde los conjuntos de pensamientos negativos de modo que pueda producirse una reorganización de nuevos circuitos no tóxicos. Esta sustancia química también discurre cuando confiamos, establecemos vínculos y nos acercamos los unos a los otros. Por lo tanto, ¡decidir operar en la naturaleza por defecto del amor puede literalmente echar fuera el temor![4]

Otra asombrosa sustancia química llamada dopamina también trabaja con la oxitocina. Fluye cuando esperamos y anticipamos algo. También nos sitúa en una mayor alerta para facilitar la construcción de nuevos recuerdos cuando imaginamos ayudar a alguien a que le vaya bien en un examen o restaurar una relación, o cuando entendemos de repente algo con lo que hemos estado batallando, por ejemplo. Nos da una emocionante ráfaga de energía, emoción, confianza y motivación para seguir adelante, al igual que influencia la construcción real de memoria a largo plazo.[5]

Las investigaciones también muestran que cuando hacemos cosas buenas y nos acercamos en amor, son liberadas también endorfinas y serotonina que nos hacen sentirnos estupendamente, lo cual desintoxica nuestro cerebro y aumenta nuestra motivación y sabiduría, ayudándonos a negociar la vida más exitosamente cuando operamos en amor. Una vez más tenemos la situación de que la mente afecta a la materia. La anticipación causa que se produzca una serie de respuestas químicas en el cerebro.[6]

Por otro lado, científicos han demostrado que cuando estamos en un modo de temor tóxico, quedaremos atrapados en un ciclo tóxico de respuestas químicas y neurológicas que influencian las decisiones que tomamos y las reacciones que ponemos en movimiento.[7] A menos que decidamos conscientemente vetar y anular esas reacciones, estaremos voluntariamente a merced del ambiente, de las reacciones de nuestro cuerpo, y de los recuerdos tóxicos del pasado. Nuestro Yo Perfecto quedará bloqueado y nuestro verdadero yo se desvanecerá durante un tiempo.

Digo *voluntariamente* porque nuestra capacidad de decidir siempre supera a la biología. Como hablamos al principio de este libro, *la mente controla la materia*. En las profundidades de nuestra mente no consciente, donde se están realizando aproximadamente 10^{27} acciones por segundo, tenemos miles de millones de conjuntos de pensamiento existentes con emociones vinculadas dando el "sabor" de su actitud específica, y cada uno de nosotros tiene su "sabor" único.

Los peligros del pensamiento tóxico

Es muy importante que entendamos esto, porque estos conjuntos de pensamiento son referenciados, y algunos se hacen conscientes cada vez que comienza a formarse un nuevo pensamiento, ayudando a nuestro cerebro a darle sentido a la nueva información. Por lo tanto, cuando somos expuestos o pensamos en algo tóxico, y hay conjuntos de pensamiento involucrados con emociones vinculadas, pondremos en movimiento una cascada química, lanzando nuestra mente y nuestro cuerpo a un modo de estrés tóxico.

En el modo de estrés tóxico no solo estamos fuera de nuestro Yo Perfecto, sino que también estamos poniendo en peligro nuestra salud física. Nuestros vasos sanguíneos se estrecharán, reduciendo el flujo sanguíneo y el oxígeno hasta el cerebro, y potencialmente situándonos a nosotros mismos en riesgo de problemas cardiovasculares. Además, se colapsarán mil cuatrocientas distintas respuestas eléctricas/químicas y otras infinitas respuestas cuánticas en nuestro cerebro y nuestro cuerpo, porque nos estamos saliendo del Yo Perfecto.

Vemos la profunda consecuencia de escoger entre amor y temor en la Escritura. Deuteronomio 30:19 declara: *"Hoy pongo al cielo y la tierra por testigos contra ti, de que te he dado a elegir, entre la bendición y la maldición. Elige, pues, la vida, para que vivan tú y tus descendientes"* (NVI). En Eclesiastés 7:29 el autor recuerda a sus lectores que *"Dios creó al ser humano para que sea virtuoso, pero cada uno decidió seguir su propio camino descendente"* (NTV). Tenemos mentes increíbles que verdaderamente vale la pena celebrar. También debemos recordar, sin embargo, que este increíble poder en nuestras mentes conlleva responsabilidad por el modo en que lo usamos: no podemos escapar a las consecuencias de nuestras decisiones.

Pensar, sentir y decidir en nuestro Yo Perfecto son factores primordiales y fundamentales que dan forma a nuestras realidades.

Alambrados para el amor

En la década de 1920 comenzó un cambio en el pensamiento científico con respecto a los seres humanos y nuestras psiquis. Esta discusión encendió un cambio revolucionario en la perspectiva filosófica y científica de la humanidad, que aún continúa actualmente. La discusión tuvo lugar en Copenhague, Dinamarca, principalmente entre Werner Heisenberg, Neils Bohr y Wolfgang Pauli, todos ellos ganadores de premios Nobel y provenientes de trasfondos monoteístas. Estos hombres, entre otros, comenzaron a desafiar el modelo clásico de la física newtoniana, el cual había dominado la ciencia durante más de tres siglos. Desde luego, Isaac Newton también era teísta y dijo que Dios podía anular las leyes del movimiento siempre que lo deseara. Sin embargo, su trabajo fue considerado a lo largo de los años mediante un filtro mecanista y determinista que mostraba a la humanidad y a la naturaleza como meramente una realidad física. Con la introducción de las teorías de la física cuántica en la década de 1920, sin embargo, los científicos comenzaron a entender que nuestro modo intencional de pensar, sentir y decidir podía marcar una diferencia en cómo se comporta la materia en nuestros cuerpos.

Normalmente, la información entrante pasa por cierta ruta cuando entra en el cerebro, atravesando estructuras a medida que es procesada, y sumando creativamente a nuestra base de conocimiento. La investigación científica ha sido capaz de identificar algunas de las importantes estructuras involucradas en esta ruta, incluido el *tálamo*, que actúa como una estación transmisora, la *amígdala*, que es como la biblioteca que alberga percepciones emocionales, y la *corteza cingulada*, que está en la parte evaluativa consciente del cerebro. Esta ruta es activada cuando se recibe, se valora y se evalúa la información entrante, y la mente decide sobre la respuesta apropiada y más sana por parte del cuerpo.

Esencialmente, nuestro modo de pensar, sentir y decidir en respuesta a la vida es una señal cuántica que se mueve físicamente por el sustrato del cerebro, usándola para almacenar y expresar lo que pensamos vía lo que decimos y hacemos. Por ejemplo, también tenemos una zona en el cerebro llamada *cuerpo estriado* que parece estar involucrado en el refuerzo positivo. Este sistema alambrado-para-el-amor está diseñado para responder a la calma, la tranquilidad y sentirnos bien, llenos de confianza en nosotros mismos y de estima. Estas sensaciones de amor positivas de sentirnos seguros y confiados activan el *estriado*. Cuando no nos sentimos seguros, no se activa.

Es interesante que el *cuerpo estriado* es también la zona falsamente activada por la cocaína y otras drogas adictivas, incluida la moderna dieta americana, ¡que puede ser más adictiva que la heroína, la cocaína, el alcohol, los psicotrópicos y los cigarrillos![8] Estas sustancias adictivas hacen que la persona se sienta bien temporalmente y seducen a la persona para que consuma más a menudo la droga o la sustancia adictiva. Sin embargo, esta seducción es el deseo de ocultar dolor; no es meramente porque la sustancia haya "secuestrado" el cerebro. Esto significa que la *decisión* de vencer una adicción es el factor más poderoso y eficaz para vencer la conducta adictiva.[9]

Sin duda, estamos constituidos o "alambrados" para ser adictos a Dios y ser consumidos por Él (ver Salmos 42:2, 63:1; 73:25; 119:20; Isaías 26:9; Juan 4:13–14; 6:35; Apocalipsis 21:6). Dios nos creó para una relación con Él, y ninguna otra cosa satisfará esta necesidad de orar continuamente y establecer un diálogo interno constante con el Espíritu Santo, de modo que nos mantengamos adictos a Él, ofreciendo nuestra mente y nuestro cuerpo como un sacrificio vivo cada día (ver Romanos 12:2). A pesar de la atracción de potentes sustancias químicas liberadas por nuestro cuerpo, nunca debemos olvidar que *"mayor es el que está en vosotros, que el que está en el mundo"* (1 Juan 4:4). Dios nos ha dado la capacidad de ser libres de cualquier patrón tóxico, y esto sucede cuando estamos en el Yo Perfecto (ver Romanos 8:37-38).

Ilustración 3.1
Árbol del Amor

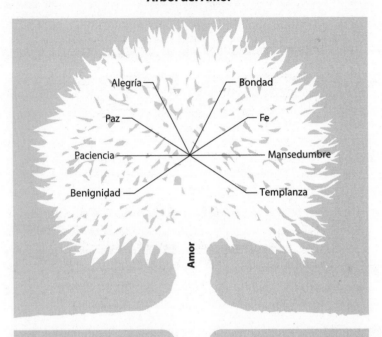

Ilustración 3.2
Árbol del Temor

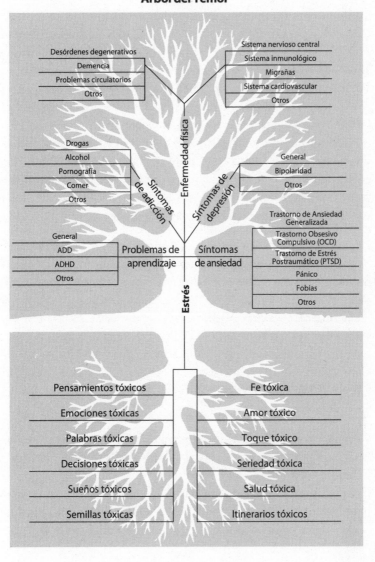

Desórdenes degenerativos
Demencia
Problemas circulatorios
Otros

Sistema nervioso central
Sistema inmunológico
Migrañas
Sistema cardiovascular
Otros

Enfermedad física

Drogas
Alcohol
Pornografía
Comer
Otros

Síntomas de adicción

Síntomas de depresión

General
Bipolaridad
Otros

General
ADD
ADHD
Otros

Problemas de aprendizaje

Síntomas de ansiedad

Trastorno de Ansiedad Generalizada
Trastorno Obsesivo Compulsivo (OCD)
Trastorno de Estrés Postraumático (PTSD)
Pánico
Fobias
Otros

Estrés

Pensamientos tóxicos
Emociones tóxicas
Palabras tóxicas
Decisiones tóxicas
Sueños tóxicos
Semillas tóxicas

Fe tóxica
Amor tóxico
Toque tóxico
Seriedad tóxica
Salud tóxica
Itinerarios tóxicos

Atascados en el temor

Todos hemos experimentado el poder de salirnos de nuestro Yo Perfecto, y de ahí fuera del amor y empujados de golpe al temor. Nos afecta profundamente, y lo manejamos de diversas maneras basándonos en las decisiones que hemos tomado y que tomaremos. Podemos controlar el temor mediante una evaluación cognitiva consciente, creyendo realmente que *"no nos ha dado Dios espíritu de cobardía, sino de poder, de amor y de dominio propio"* (2 Timoteo 1:7), o podemos llegar a estar dominados por los pensamientos tóxicos inconscientes que hemos convertido en hábitos con el tiempo, los cuales lanzan el cerebro y el cuerpo al estrés tóxico. En lugar de controlar el temor, lo empeoramos y aumentamos la respuesta de estrés tóxico en nuestros cerebros y nuestros cuerpos.

La última situación, concentrarse y rumiar el temor, puede producir un estado temeroso incluso en ausencia de un estímulo real de temor. Por ejemplo, esto es normalmente lo que sucede en el trastorno de estrés postraumático (PTSD por sus siglas en inglés), cuando el recuerdo de un trauma puede evocar una respuesta en las personas que es tan real como cuando sucedió, incluso si el trauma ocurrió hace décadas. Las actitudes (conjuntos de pensamientos con emociones vinculadas) producen las sustancias químicas de ansiedad y preocupación aunque la persona ya no esté en una circunstancia amenazadora.

Cada pensamiento cambia la química cerebral, lo cual afecta a todas las 75-100 trillones de células del cuerpo a velocidades cuánticas.[10] El impacto es instantáneo, literalmente más allá del espacio y el tiempo. De ahí que una experiencia de estrés tóxico puede progresar hacia una mala salud mental si se rumia constantemente o no se trata. Recuerda: ¡aquello en lo que más pensamos, más crecerá!

Aquello en lo que más pensamos
Mas crecera !!

Salir del Yo Perfecto y entrar en la mala salud mental

La mala salud mental no es tan solo una enfermedad. Es trauma y reacciones de pensamiento incorrectas y habituales que no han sido tratadas, en las que nos hemos salido de nuestro Yo Perfecto en respuesta a los eventos y circunstancias de nuestras vidas.[11] Esto crea un caos neurológico que puede manifestarse como trastornos de la mente, con síntomas simultáneos erróneamente denominados como enfermedades biológicas.[12]

Pensamientos acerca de una situación tóxica, no necesariamente la situación tóxica verdadera, pueden desencadenar una respuesta de estrés negativo. Los pensamientos son cosas reales compuestas por proteínas que ocupan terreno mental. Si nos preocupamos cada día por lo que pudiera suceder o lo que ha sucedido, repetidamente re-creamos la señal que estimula la expresión genética para construir y fortalecer ese pensamiento, convirtiéndolo en un recuerdo a largo plazo, lo cual conduce a un sentimiento de inquietud resultante en una respuesta de estrés tóxico; a menos que *decidamos* controlar nuestros pensamientos.

Descubriendo el potencial de nuestro plano para la identidad
Ilustración 3.3
Descenso al Trastorno

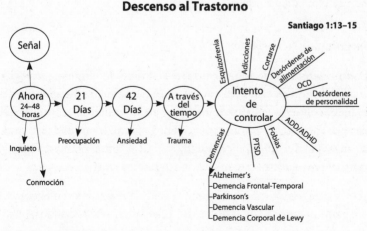

Durante un periodo de unas tres semanas, o veintiún días, esta inquietud descontrolada se convierte en preocupación. A medida que seguimos preocupándonos, rumiando diariamente el pensamiento tóxico, la preocupación progresará hacia la ansiedad durante los veintiún días siguientes, y finalmente se convertirá en un trauma después de unas seis semanas. A lo largo de esta progresión desde la preocupación hasta la ansiedad y el trauma, habrá un sentimiento cada vez mayor de estar fuera de control en nuestro modo de pensar, sentir y decidir. Esto es una indicación de habernos salido del Yo Perfecto, y dará como resultado síntomas de las etiquetas que hemos visto en la Ilustración 3.3: esquizofrenia, depresión, y otros. Estos son síntomas de problemas subyacentes, no enfermedades. Nunca permitas que te cataloguen con uno de estos síntomas, pues son meramente descripciones de tus experiencias. Echa un vistazo a lo esquemático de mi modelo de trastorno para ver esto con mayor claridad. Mientras más energía demos a ese pensamiento tóxico, más crece, y más nos sentiremos consumidos y atrapados por él. Esta respuesta de estrés producirá fruto tóxico (ver los árboles de amor y temor en las páginas 61 y 62). Por lo tanto, este temor tóxico es un circuito de amor distorsionado, lo cual mencioné al principio de este capítulo. Fuimos creados para el amor y todo lo que conlleva, pero hemos *aprendido* a temer.

Regresar al Yo Perfecto

¿Cómo sería la reacción correcta? El camino del amor neurológico evalúa conscientemente el conjunto de pensamientos tóxicos y, decidiendo entregar la situación a Dios, no se somete al temor. ¡Y este es el más fuerte de los dos caminos![13] Estamos alambrados o constituidos para el amor, lo cual significa que el amor es nuestro modo normal por defecto; está diseñado para dominar.

A pesar del modo en que hayamos decidido reaccionar en el pasado, los pensamientos tóxicos dolorosos pueden ser reconstruidos, incluso sentimientos tóxicos que has estado albergando por tanto tiempo y te son tan familiares que crees que son normales. Puedes analizarlos y reprogramarlos debido a la neuroplasticidad del cerebro.

Por ejemplo, puede que por muchos años te hayan asustado las matemáticas, y cuando entras en clase de matemáticas, se forman en tu interior emociones de ansiedad y temor, dando como resultado una actitud negativa. Esto obstaculizará tu capacidad de asimilar cualquier información durante la clase. No reacciones a ello; piensa primero y, si es posible, pon la actitud negativa otra vez en el estante y declara para ti algo positivo como: *No me gustan las matemáticas porque creo que no se me dan muy bien, pero voy a conquistar este temor, voy a hacerle frente y a hacer preguntas hasta que entienda.* Y si eso no funciona la primera vez (lo cual no sucederá, ¡ya que el cambio verdadero requiere tiempo!), vuelve a hacerlo una y otra vez. Esto es renovar la mente en acción (ver Romanos 12:2).

La ciencia nos muestra que necesitamos practicar el uso de algo o estudiar algo al menos siete veces en intervalos repetidos a lo largo del tiempo antes de poder ser capaces de utilizar la información o desempeñar la habilidad.[14] Tener nuestra actitud bajo control normalmente requiere unos sesenta y tres días. Los cuatro primeros son los más difíciles, ¡de modo que no te rindas! Como todo en la vida, el verdadero cambio es un proceso, y los resultados valen la pena el esfuerzo. Finalmente serás capaz de utilizar este asombroso circuito de amor del cerebro para equilibrar tu razón y tus emociones. Cuando haces eso, has dado un paso de gigante en la dirección de llevar todos los pensamientos cautivos (ver 2 Corintios 10:5) y renovar tu mente (ver Romanos 12:2).

Aprender a escoger tus emociones

Como observé anteriormente, hay tan solo dos tipos de emoción, amor y temor, y todas las demás emociones surgen de estas dos, con cada emoción derivada formando su propia "firma" química. Es decir, cada pensamiento tiene su propia firma química. El resultado es que los pensamientos se convierten bastante literalmente en sentimiento con una reacción química resultante en tu cerebro y tu cuerpo. El problema de salir del amor y de tu Yo Perfecto comienza cuando tus pensamientos y emociones se vuelven desequilibrados y tóxicos. Si dominan los sentimientos, una ráfaga neuroquímica puede comenzar a distorsionarlos en dirección al temor, lo cual puede resultar en estrés. Las emociones fuera de control bloquearán por completo tu capacidad de pensar bien las cosas. Someterte a ellos causa un caos químico en el cerebro y hace que tu mente esté nublada. Pierdes la concentración y te resultará difícil escuchar cualquier cosa que alguien esté intentando decirte; y esto se aplica a todas las emociones.

Puede parecer abrumador intentar capturar todos tus pensamientos y controlar tus emociones. Sin embargo, cuando entiendas que puedes escoger científicamente lo que llega a ser parte de quién eres verdaderamente (tu Yo Perfecto), también entenderás que tienes una asombrosa capacidad de cambiar. Todos tenemos la oportunidad de decidir caminar en el Yo Perfecto que Dios nos ha dado, a pesar de nuestras circunstancias.

Toma un momento para pensar en un momento cuando permitiste que tus emociones se descontrolaran, e intenta recordar cómo te sentiste cuando eso sucedió. El temor alimenta esas emociones distorsionadas y elimina cualquier control decente del lóbulo frontal del cerebro, a menos que tomes la decisión de detenerte y recuperar el equilibrio. Ir por la vida en una montaña rusa emocional es un desastre del Yo Perfecto, pero no estás obligado a experimentarlo. ¡Tú puedes escoger!

El genoma y el Yo Perfecto

La investigación sobre el aspecto regulatorio del genoma humano, el 97 por ciento, junto con la investigación epigenética indican al poder de los pensamientos para causar cambios en nuestros cerebros y nuestros cuerpos.[15] La ciencia emergente de la epigenética está comenzando a arrojar luz sobre cómo están dentro de nuestro alcance la salud mental y la salud física. Esta ciencia contradice la creencia mecanista dominante en que los humanos son máquinas biológicas.[16] La epigenética destaca nuestra habilidad para responder a nuestro medioambiente, el cual lo incluye todo, desde lo que pensamos hasta lo que entendemos generalmente por exposición medioambiental.[17] Pensamientos y emociones, junto con la exposición a la luz del sol, el ejercicio, los alimentos, y todo lo que decidimos ponernos y añadir a nuestro cuerpo, afectan directamente a la expresión del ADN.[18] Un creciente número de investigaciones destaca cómo cambian estos patrones de metilación y acetilación como respuesta a decisiones de *pensamiento y de estilo de vida*.[19] Pensar pensamientos tóxicos puede cambiar la expresión genética, al igual que ciertas dietas o la exposición a productos químicos y contaminantes también pueden dar como resultado cambios que afectan a nuestros genes.

Más del 97 por ciento de nuestro genoma está cumpliendo funciones vitales de modo regulatorio. Controla específicamente el encendido y apagado de los genes. Es un lenguaje que opera como un interruptor genético que controla el otro 3 por ciento. Por lo tanto, nuestro ADN está diseñado para reaccionar al lenguaje de nuestros pensamientos y las palabras resultantes, al igual que a las señales biológicas.[20] Somos hechos a imagen de un Dios poderoso que dio existencia a la tierra con sus palabras (ver Génesis 1:3, 6, 9; 1 Juan 1:1), y tenemos este poder de las palabras y el lenguaje invertido en nosotros (ver Eclesiastés 7:28; 2 Timoteo 1:7). En Juan 1:1, *Palabra* en griego es *logos*, o inteligibilidad/razón/inteligencia, de modo que cuando operamos en nuestra naturaleza portadora de imagen, nuestro Yo Perfecto, activamos este poder de "Palabra" con nuestros pensamientos, sentimientos y decisiones, e influimos en el lenguaje regulatorio de nuestro ADN. A su vez, nuestro Yo Perfecto activa nuestro ADN y se produce un cambio estructural en el cerebro: esto es inteligencia y sabiduría.

Lógicamente, lo contrario también es cierto. Salirnos de nuestro Yo Perfecto activa el lenguaje regulatorio de nuestro ADN, pero debido a que la señal de las palabras es tóxica, y va en contra de nuestra naturaleza portadora de imagen, esto influye en cómo se doblan realmente las proteínas. Nace un pensamiento tóxico, que es lo contrario a la sabiduría. Esto tiene un efecto disruptivo y dañino en el cerebro. Como dice el destacado físico cuántico Henry Stapp:

> Las decisiones tomadas por los jugadores humanos pueden considerarse versiones en miniatura de las decisiones que parecen ser necesarias en la creación del universo. La teoría cuántica abre las puertas a la toma de estas decisiones, y ciertamente las demanda. Esta situación es concordante con la idea de un Dios poderoso que crea el universo y sus leyes para dar comienzo a las cosas, pero después lega parte de este poder a seres creados a su imagen, al menos con respecto a su capacidad de tomar decisiones físicamente eficaces sobre la base de razones y evaluaciones.[21]

Nuestros esfuerzos conscientes tendrán, por lo tanto, la capacidad de afectar las acciones de nuestros cerebros y cuerpos debido al poder investido divinamente en nuestro diseño. Nuestro libre albedrío, estas decisiones de nuestro Yo Perfecto, está arraigado y cimentado en sentimientos de dignidad y valor: nosotros importamos y lo que pensamos importa. Y lo que pensamos, sentimos y decidimos cambia la materia. Tenemos un papel que desempeñar como *parte* de la creación de Dios que *influye* en la creación de Dios. Esto es lo que significa la mayordomía bíblica, y es una responsabilidad que tenemos que tomarnos muy en serio.[22]

La conexión entre mente y cerebro

El llamado de Jesús a ser *"la luz del mundo"* es particularmente notable (ver Mateo 5:14). La luz es una onda no física constituida por paquetes de energía llamados *quanta*, conocidos también como *fotones*.

Esta es la energía, la energía de Dios, en nuestro ADN[23,] que fue convertida en realidad para nosotros al principio de la creación y en la obra de la cruz; es *"la convicción de lo que no se ve"* (Hebreos 11:1). Como Dios creó el espacio y el tiempo, Él está por encima del espacio y el tiempo, de modo que todo lo que necesitamos como seres humanos ha sido, es, y será provisto para nosotros. Mediante el poder de nuestro intelecto dado por Dios, tenemos acceso a lo que Dios ha provisto para nosotros mediante las decisiones que tomamos al utilizar nuestro Yo Perfecto.

Tanto en la ciencia como en la vida, Dios inspira y nosotros laboriosamente investigamos y exploramos la mezcla correcta de los "ingredientes" para reflejar sus gloriosas ideas. Por ejemplo, Dios mediante el Espíritu Santo liberará en alguien una inspiración divina, un impulso espiritual, a comenzar un proceso de exploración del Yo Perfecto, utilizando su intelecto. Esto conduce al descubrimiento de cómo funcionan las cosas de la naturaleza y el hombre: la creación de Dios. La creación de Dios es una "estructura informativa global" literal que representa tendencias para que ocurran acontecimientos reales alambrados-para-el amor, y en los cuales la decisión de qué potencialidad será cumplida en varios lugares en las manos de agentes humanos. Esto se denomina un "estado cuántico del universo".[24]

Cuando operamos en amor, nuestros cerebros responden del modo en que están diseñados para responder. Basándonos en la información que obtenemos de la tecnología cerebral (y tenemos que tener en mente que es limitada), podemos ver que zonas del cuerpo estriado serán activadas más que otras zonas, se segregarán más neurotransmisores, péptidos y hormonas, y nos sentiremos bien y seremos capaces de regocijarnos a pesar de las circunstancias, y como dice Santiago: *"Amados hermanos, cuando tengan que enfrentar cualquier tipo de problemas, considérenlo como un tiempo para alegrarse mucho"* (Santiago 1:2 NTV). El sustrato del cerebro responde físicamente a la acción de la mente, la cual incorpora el intelecto, la voluntad y las emociones. La mente es materia cambiante por medio del libre albedrío del Yo Perfecto.

Otro ejemplo de esta conexión entre mente y cerebro es la firma química de emociones entrelazadas en pensamientos. Cada vez que pensamos, liberamos sustancias químicas como respuesta que producen sentimientos y reacciones en el cuerpo. Grupos de energía electromagnética y cuántica estampados en proteínas forman pensamientos con mensajeros químicos adosados, los cuales forman el sustrato de nuestros recuerdos. A su vez, colectivamente forman actitudes. Expresamos nuestras actitudes, amor o temor mediante nuestro Yo Perfecto, vía lo que decimos y hacemos. Por lo tanto, cuando añadimos emociones de amor o de temor a un grupo de pensamientos y le damos un sabor único, entonces se convierte en una actitud. Una mala actitud es prueba de que no estamos operando en nuestro Yo Perfecto. Una buena actitud es prueba de que estamos operando en nuestro Yo Perfecto. Estos filtros de actitud distorsionan o mejoran el proceso de pensamiento, bloqueando o desbloqueando la operación eficaz del Yo Perfecto.

Si tienes un pensamiento de temor tóxico mientras estás procesando información en tu propia manera única, tienes que hacer pasar esa información por los pensamientos tóxicos (actitud tóxica) en tu cerebro. Los pensamientos tóxicos y su mala actitud tangible bloquean al Yo Perfecto. A su vez, operar fuera del Yo Perfecto, que significa esencialmente operar fuera del amor, inhibe tu capacidad de pensar y operar con sabiduría, e inhibe tu salud general en mente y cuerpo.

Las actitudes reflejan el núcleo de cómo pasas tu tiempo pensando, sintiendo y decidiendo. Reflejan tu desarrollo espiritual y lo que estás haciendo con tu poder, amor y dominio propio de manera casual. Debido a que las actitudes no pueden mantenerse ocultas durante un periodo sostenido de tiempo, vencer bloqueos a tu Yo Perfecto es imperativo para caminar en tu diseño de portador de imagen del Yo Perfecto.

El amor es más fuerte que el temor

Puede que el temor sea poderoso si le damos energía mediante nuestro modo de pensar, sentir y decidir, pero es importante recordar que *el amor es mucho más poderoso* y que nuestro cerebro fue creado para operar en amor. Cada uno de nosotros tiene su propio balance electroquímico donde nos sentimos en paz. Es casi como un índice de ociosidad perfecto que se mueve en la actitud de amor: este es el Yo Perfecto. Necesitamos buscar constantemente esta paz recordando que no podemos controlar nuestras circunstancias (vida y personas), pero podemos decidir controlar nuestra reacción (actitud) a esas circunstancias.

Una actitud de amor queda interrumpida cada vez que creamos un nuevo pensamiento tóxico o activamos un pensamiento tóxico existente (una actitud de temor, la cual es salir del Yo Perfecto). Cualquier interrupción en el balance regular electroquímico y cuántico en el cuerpo y la mente (actitud de amor) dará como resultado incomodidad, e intentaremos de modo consciente e inconsciente restaurar el balance. Es importante que aprendamos a identificar esta zona de incomodidad, de la cual hablaré más en el capítulo 8, ya que es una activación mental consciente y no consciente de una actitud.

Si sigues enfocándote en el temor, seguirás bloqueando tu Yo Perfecto y nunca te sentirás verdaderamente como "tú". Tu cerebro y tu cuerpo responderán a tus decisiones y distorsionarán el circuito del amor convirtiéndolo en un circuito de temor. Sin embargo, aunque el temor es poderoso, operar en amor es incluso más poderoso. Tú puedes escoger. Aunque quizá no puedas determinar tus circunstancias, tienes la opción de operar en amor o temor dentro de esas circunstancias.

Filipenses 2:5 nos dice: *"Tengan la misma actitud que tuvo Cristo Jesús"* (NTV). Como Dios es amor, ese es nuestro diseño: alambrados-para-el amor (ver 1 Juan 4:8). Esto podría parecer imposible de hacer cuando operamos en temor; es imposible porque no podemos operar en amor y temor al mismo tiempo (ver Mateo 6:24; Lucas 16:13). Sin embargo, cuando buscamos el amor sobre todas las cosas, como nos dice Pablo, podemos mantener un ojo en todos nuestros pensamientos y decidir renovar nuestra mente con la ayuda del Espíritu Santo (ver Romanos 12:2; 1 Corintios 13:4-13; 2 Corintios 10:5). Cuando comenzamos a reconocer cuán poderosas son nuestras decisiones únicas, no solo para nosotros, sino también para el mundo que nos rodea, comenzamos a entender verdaderamente la responsabilidad que tenemos de actuar en nuestro estado alambrados-para-el amor.

Hay algo que tú puedes hacer y que ninguna otra persona puede hacer, ¡y el mundo necesita que tú lo hagas! Esta interconectividad destaca nuestra humanidad; subraya nuestra responsabilidad y sentido de pertenencia, y reduce los sentimientos de impotencia, vergüenza y aislamiento. Tú, con tu maravilloso Yo Perfecto, *importas*, y *cambias la materia*.

PARTE
DOS

4

La filosofía del Yo Perfecto

El rasgo esencial del interaccionismo dualista es que
la mente y el cerebro son entidades independientes…
y que interactúan mediante la física cuántica.

John Eccles, ganador del Premio Nobel

El dualismo ayuda a preservar el libre albedrío.
Nosotros determinamos nuestras acciones a la
luz de razones y deseos, intuimos, y nada que
cualquier neurocientífico haya producido nos
muestra que es distinto. Las probabilidades
cuánticas muestran que las cosas no pueden
ser predeterminadas. El indeterminismo es
compatible con la singularidad del hombre.

Richard Swinburne, filósofo

Antes de hablar de la ciencia que está detrás de tu Yo Perfecto, explicaré brevemente mi postura filosófica sobre la conexión entre mente y cerebro, que sustenta el modo en que he enfocado el estilo único en el que todos pensamos, hablamos y actuamos.

La mente está primero

Desde la llegada de la física cuántica y la investigación para los orígenes del mundo natural de espacio y tiempo a finales del siglo XIX, el rostro de la ciencia ha cambiado. *Materia* se ha convertido en una palabra complicada, elusiva y difícil de definir. Werner Heisenberg, uno de los principales pioneros en la formulación original de la teoría cuántica a principios del siglo XX, dijo que las partículas elementales como los átomos forman un mundo de puras posibilidades; no son "cosas" per se. El físico John Wheeler, ganador de un Premio Nobel, dijo que ningún fenómeno elemental (es decir, átomos, electrones, y todas las demás partículas sobre las que aprendimos en la escuela) es real a menos que sea observado.[1] Como destaca el filósofo inglés Keith Ward, son meramente "posibilidades de percepción".[2]

La mente o la consciencia, por lo tanto, está primero: este es uno de los rasgos clave de un enfoque *idealista* del universo. Toda la realidad, dijo el ganador del Premio Nobel Eugene Wigner, es una construcción de la *mente*. La mente no evolucionó de la materia física del cerebro. Al principio era la Palabra, o *logos* (ver Juan 1:1-5). Logos es consciencia; está definida por inteligibilidad, racionalidad y *pensamiento*. Dios, como consciencia, era antes del universo. Su mente, sus palabras, lo crearon todo y lo sostienen todo (ver Génesis 1—2; Juan 1; Hechos 17:28). El mundo consciente domina sobre el mundo físico, aunque es intrínseco a él. Es ahí donde se reúnen cielos y tierra (ver Mateo 6:9-13).

El idealismo filosófico es clave para entender cómo funciona tu Yo Perfecto como un modo distintivo de pensar, sentir y decidir. El mundo real es un mundo puro, o un mundo matemático solamente conocido por la mente de cada individuo. La materia viene de la mente, y no la mente de la materia. Tu realidad es construida por tu mente, la colección de pensamientos y recuerdos que son enteramente tuyos como individuo, lo cual es un reflejo de la fuente de toda la realidad: la mente de Dios (ver 1 Corintios 2:16).

Por lo tanto, ¿qué es real? Los contenidos de la consciencia, o la mente. "Dios siempre está mirando", dijo el obispo anglicano George Berkeley. Esencialmente, "si no hubiera un Dios, no habría nada".[3] Dios es la fuente de toda consciencia; Él es la verdad (ver Juan 14:6); Él es la consciencia suprema. Como exclama Juan al principio de su Evangelio: *"Dios creó todas las cosas por medio de él. La Palabra le dio vida a todo lo creado, y su vida trajo luz a todos. La luz brilla en la oscuridad, y la oscuridad jamás podrá apagarla"* (1:3-5 NTV). Somos creados a su imagen (ver Génesis 1:27). El poder creativo de Dios está en nosotros: *"tenemos la mente de Cristo"* (1 Corintios 2:16). Necesitamos desarrollar la misma mentalidad que Cristo, de modo que creemos realidades que estén en consonancia con el plan de Dios de traer el cielo a la tierra.

Aplicación del idealismo

Así como percibimos de manera única, creamos realidades únicas. Al utilizar la autodisciplina que Dios nos ha dado (ver 2 Timoteo 1:7), pensamos, decidimos y creamos. Eso significa que el modo en que tú percibes, piensas y sientes con respecto a lo que alguien te ha dicho va a crear tu respuesta única. Quizá sonríes, tal vez estás de acuerdo, o quizá entiendes mal lo que están diciendo y te irritas.

Esencialmente, respondes de este modo único eligiendo entre cierto número de posibilidades, y tu respuesta crea una realidad: la sonrisa, el acuerdo, la discusión, o cualquier modo en que decidas responder. Como dijo supuestamente Lao Tzu: "Vigila tus pensamientos, pues se convierten en palabras. Vigila tus palabras, pues se convierten en acciones. Vigila tus acciones, pues se convierten en hábitos. Vigila tus hábitos, pues se convierten en carácter; vigila tu carácter, pues se convierte en tu destino". ¡Nosotros creamos destinos con nuestras decisiones!

Nuestras mentes son fuerzas creativas que tenemos que tener en cuenta, y deben utilizarse de las mejores maneras posibles, razón por la cual tenemos que vigilar constantemente nuestros pensamientos, y asegurarnos de utilizar nuestro poder de portadores de imagen de maneras positivas. Tenemos que reflejar la imagen de un Dios amoroso, y no un orden mundial doloroso. Cuando entramos en nuestro Yo Perfecto, eso es exactamente lo que hacemos. Cuando salimos de nuestro Yo Perfecto, sin embargo, no estaremos utilizando la fuerza creativa de nuestra mente para el reino de Dios, y sufrirá nuestra salud y también la salud de quienes nos rodean.

Materialismo

El idealismo filosófico contrasta con el materialismo. Actualmente, el materialismo domina las ciencias, incluida la neurociencia. En esencia, una cosmovisión materialista afirma que la mente viene de la materia: el aspecto físico o material del pensamiento es lo único que cuenta. Como observa J. C. Eccles:

> El mundo físico engloba todo el cosmos de materia y energía, toda la biología que incluye el cerebro del ser humano, y todos los artilugios que el hombre ha hecho para codificar información, como por ejemplo, el papel y la tinta de los libros o la base material de las obras de arte; este es el mundo completo de los materialistas. Ellos no reconocen nada más. Todo lo demás es fantasía.[4]

Por lo tanto, según el materialismo, tú eres fundamentalmente lo que hace tu cerebro. La construcción general del materialismo es que la materia es la primera causa, y solamente la materia es suficiente para generar lo que llamamos la mente o la actividad mental de pensar, sentir y decidir. Una de las principales teorías materialistas de la mente, conocida como "teoría de la identidad", argumenta que los estados mentales son idénticos a los estados electroquímicos del cerebro, y "todo lo demás es fantasía". El cerebro es una computadora súper compleja en la cual los procesos materiales en la corteza cerebral generan *de algún modo* pensamientos y sentimientos. El monismo materialista es también determinista (es decir, pone mucho énfasis en la causa y el efecto), mecánico (por ejemplo, el mundo físico actúa como bolas de billar que se chocan unas con otras), y reduccionista (todo el contexto se reduce a sus partes).

En un universo totalmente materialista, todo lo que nos hace ser humanos es simplemente un artefacto de neuronas en movimiento y reacciones químicas. El reduccionismo físico explica así las complejidades de la humanidad, el modo en que pensamos, sentimos y decidimos de manera única, en términos de los componentes físicos del cerebro. Este modo de enfocar la actividad mental puede ser peligroso: cuando tomamos malas decisiones, ¿somos simplemente víctimas de nuestra biología, sin ninguna responsabilidad por nuestros pensamientos, emociones, decisiones o acciones? ¿Y qué tipo de reto plantea este modo de pensar para la cosmovisión bíblica, con su énfasis en decisiones que conducen a vida o muerte (ver Deuteronomio 30:19)?

Añadidas al pensamiento materialista están las teorías conductistas del siglo XIX, una forma de materialismo determinista clásico, que proponían que la conducta podía examinarse sobre la base de que el libre albedrío era ilusorio y los seres humanos podrían ser condicionados como los animales. Este modo de pensar llegó a su apogeo a mitad de la década de 1990 con la llegada de la tecnología cerebral (como la resonancia magnética, la resonancia magnética funcional, y la tomografía nuclear) que permitieron que muchos neurocientíficos hicieron mapas "con mayor precisión" de la mente y la experiencia de la consciencia en el cerebro. Esta fue la "evidencia" que utilizaron muchos materialistas, y aún siguen usando, para argumentar que el cerebro produce mente; que lo físico produce pensamiento, sentimiento y decisión. Todos hemos visto esos artículos en los periódicos titulados "Este es tu cerebro hablando sobre…" seguidos por coloridos escáneres afirmando que "el cerebro me hizo hacerlo".[5] Como mencionamos anteriormente, este patrón de pensamiento puede tener graves repercusiones. ¿Matan los asesinos a personas debido a un fallo de neuronas? ¿Podemos incluso llamarlos asesinos? ¿Dónde encaja la decisión humana?

En muchos aspectos, esta es una pregunta parecida a la de "la gallina y el huevo". No podemos utilizar métodos científicos tradicionales para demostrar que el cerebro produce la mente, ya que no podemos medir la mente como podemos medir un objeto físico en un laboratorio. ¿Quién va a decir que la mente no produjo la actividad que vemos en un escáner? De manera similar, muchos estudios indican que pensamientos y sentimientos pueden impactar las realidades físicas. Percibir acontecimientos de modo negativo se ha relacionado con un 43 por ciento de disminución de la salud durante los doce meses siguientes, por ejemplo, cuando el estrés crónico aumenta la extensión del cáncer por el sistema linfático.[6] Lo que pensamos y cómo decidimos reaccionar importa y puede afectar a nuestra realidad.

Más que neuronas

Como portadores de la imagen de Dios, con una responsabilidad de administrar la creación, somos mucho más que el movimiento de nuestras neuronas. Como observa el profesor de Oxford y filósofo Richard Swinburne:

> Nuestra vida mental no puede captarse meramente en términos físicos. La neurociencia añade más información, por ejemplo, el mecanismo por el que la falta de comida causa un deseo de comer, pero la neurociencia nunca demostró mi demostrará la decisión de la persona de actuar según los deseos, para elegir entre hacer el bien o el mal.[7]

Sin duda, lo que decidimos está reflejado en la actividad de nuestros cerebros. Pero lo que decidimos no puede reducirse a la actividad de nuestros cerebros. La Biblia, desde Adán y Eva en Génesis hasta el libro del Apocalipsis de Juan, enfatiza constantemente el hecho de que nuestras decisiones tienen poder y pueden conducir a la vida o la muerte. Ser humano significa aceptar esta responsabilidad.

Cuando enfocamos la ciencia con una mentalidad que reduce todo el contexto de la vida a objetos materiales como átomos y neuronas, habrá consecuencias. Dios nos creó como seres trinos con mente, espíritu y cuerpo (ver 1 Tesalonicenses 5:23). Todo el orden creado surge de la Palabra (*logos*), la conciencia o la mente de Dios, y no de un átomo o partícula material (ver Juan 1:1-5). Cuando separamos esos elementos y nos enfocamos únicamente en el cerebro o el cuerpo físico, vamos en contra del tejido natural del universo, y esto puede tener repercusiones negativas.

Quizá no es sorprendente que, independientemente de los muchos avances científicos y médicos tan asombrosos que se han producido en la era moderna, los datos federales del año 2016 muestran que el índice de muerte en los Estados Unidos aumentó en 2015 por primera vez en décadas. Según Robert Anderson, jefe de estadísticas de mortalidad del Centro Nacional para Estadísticas de Salud, "es un pico en la mortalidad que no sucede normalmente, y por eso es significativo. ¿Qué significa? Necesitamos más datos para saberlo, pero si comenzamos a mirar al año 2016, y vemos otro aumento, será mucho más preocupante".[8] El cuerpo humano es algo más que sus partes materiales, y necesitamos tener eso en consideración cuando pensamos en "salud" y "bienestar".

Esto es particularmente necesario en el campo del cuidado de la salud mental. Actualmente, es común "medicalizar la desgracia".[9] En el lugar de enfocarse en el contexto de la vida de un individuo, como la pobreza, el desempleo o la falta de propósito, muchos psiquiatras se enfocan en una causa biológica, como el supuesto "balance químico". Al hacer énfasis en que el problema radica en la biología del individuo, estamos menos inclinados a mirar sus experiencias y el contexto social del porqué se están sintiendo como se sienten. Miramos a las partes biológicas en lugar de la explotación económica, la violencia, o estructuras políticas ineficaces. Se les dice a los niños en orfanatos que tienen cerebros que funcionan mal, y se les dan sustancias que alteran la mente. El niño que se mueve mucho en clase es obligado a tomar medicación que altera la mente y que a largo plazo es tan adictiva como la cocaína, y no cuestionamos si los sistemas escolares que tenemos son adecuados para la expresión tan diversa de la humanidad.

Tenemos que comenzar a hacer preguntas difíciles. Que te digan que eres una máquina defectuosa, un autómata biológico roto, ¿va a ayudar a producir paz, libertad y sanidad? ¿Eres extraño en la ecuación porque tu cerebro está produciendo todas tus conductas? ¿No eres capaz de tener una relación decente porque un escáner muestra que tienes un cerebro con síndrome de déficit de atención e hiperactividad (ADHD), o una resonancia magnética funcional muestra que tienes esquizofrenia? ¿Estás condenado a tomar medicamentos que alteran la mente y dañan el cerebro durante el resto de tu vida, a menudo con inquietantes efectos secundarios?

Los materialistas a menudo ven los escáneres cerebrales como descripciones completas de la mente. Sin embargo, teorías materialistas en cuanto a cómo la materia gris genera consciencia son desafiadas cuando se encuentra que un hombre totalmente consciente carece de la mayor parte de su cerebro. "Cualquier teoría de la consciencia tiene que poder explicar por qué una persona así, que ha perdido el 90% de sus neuronas, sigue mostrando una conducta normal", dice Axel Cleeremans.[10] Una teoría de la consciencia o de la mente que depende de "características neuroanatómicas específicas" (por ejemplo, la constitución física del cerebro) tendría problemas para explicar tales casos. ¿De dónde proviene la mente? Ni el materialismo ni la tecnología cerebral pueden explicar la naturaleza distintiva de nuestros pensamientos, sentimientos y decisiones.

Dualismo interactivo

El materialismo, sin embargo, no es la única manera de abordar la ciencia/neurociencia o la pregunta de la consciencia. La creencia en que la mente y el cerebro están separados y a la vez se influencian mutuamente se denomina *dualismo*, que fue propuesta por primera vez por René Descartes en el siglo XVII. Esencialmente, el dualismo argumenta que hay un mundo mental además del mundo físico, y los dos se relacionan.

Durante el curso de varias décadas, en parte en colaboración con Sir Karl Popper, el premio Nobel Sir John Eccles utiliza el dualismo como una base para desarrollar su teoría alternativa de la mente, conocida como interaccionismo dualista o dualismo interactivo. Según Eccles:

> El misterio humano es increíblemente degradado por el reduccionismo científico, con su afirmación de que el materialismo prometedor justifica finalmente todo el mundo espiritual en términos de patrones de actividad neuronal. Esta creencia debe clasificarse como superstición... tenemos que reconocer que somos seres espirituales con un alma que existe en un mundo espiritual, al igual que seres materiales con cuerpos y cerebros que existen en un mundo material.[11]

Sin embargo, el dualismo interactivo se ha puesto de moda entre muchas personas que prefieren el monismo y la teoría de la identidad, que van de la mano con el materialismo. El énfasis completo del materialismo sobre lo físico quizá no es sorprendente, ya que el enigma de la interacción entre mente y cerebro tiene implicaciones desafiantes para el papel de la consciencia humana: nuestra capacidad de pensar, sentir y decidir. Como observa Keith Ward, el dualismo provoca una exploración real de las cosas más profundas de la ciencia, que señalan a Dios y a aceptar responsabilidad de lo que pensamos, sentimos y decidimos, no necesariamente algo que les guste mucho a los materialistas o a los ateos.[12]

El materialismo, desgraciadamente, ha dominado el pensamiento científico y filosófico por muchos años. Incluso actualmente sigue teniendo la capacidad de generar discusiones explosivas entre científicos, filósofos y laicos con puntos de vista y agendas particulares. Como destaca Keith Ward, los "nuevos" ateos como Richard Dawkins, Sam Harris y Daniel Dennett, adoptan esta perspectiva materialista para intentar demostrar que somos robots biológicos y que Dios no existe. "Los nuevos ateos", dice Ward, "tienen una interpretación peculiar de la ciencia que ya es absoluta. La mayoría de filósofos que afirman que la ciencia es atea no son físicos o matemáticos, sino zoólogos y biólogos, y no abordan el estado supremo de la materia, lo cual hacen los físicos".[13] Ciertamente, Ward sigue señalando:

> La ciencia, lejos de tener un compromiso con el materialismo, en realidad mina el materialismo generalmente. Darwin dijo en su autobiografía que él no era ateo, que era más un teísta o agnóstico, pero personas como Dawkins dicen que una perspectiva darwiniana elimina a Dios porque las cosas suceden por casualidad y por las leyes de la naturaleza, y todo es azar. La visión newtoniana de las leyes de la naturaleza, aunque Newton era un creyente devoto, dio lugar a una cosmovisión de que el mundo es mecánico y Dios simplemente lo puso en marcha, pero no es eso lo que pensaba Newton mismo. Por lo tanto, las ciencias han dado lugar a un nuevo tipo de pensamiento materialista, pero por fortuna el materialismo es destruido por la física cuántica.[14]

Cada uno de nosotros piensa, siente y decide con la mente. La neurociencia y la física clásica solamente describen *la respuesta física del cerebro a la mente en acción*, siendo la mente la primera causa. El cerebro es el sustrato mediante el cual funciona la mente: refleja la acción de la mente. La mente controla el cerebro; el cerebro no controla la mente.

La física cuántica, con su examen de la ciencia más allá de los paradigmas tradicionales de espacio y tiempo, señala directamente a la creencia de que el universo tiene una mente creativa tras él (consciencia) y, por lo tanto, un propósito creativo.[15]

> Es decir, las decisiones libres tomadas por los jugadores humanos pueden considerarse versiones en miniatura de las decisiones que parecen haber sido necesarias en la creación del universo. La teoría cuántica abre la puerta a, y ciertamente demanda, la toma de esas decisiones libres. Esta situación concuerda con la idea de un Dios poderoso que crea el universo y sus leyes para que las cosas comiencen, pero después lega parte de ese poder a seres creados a su propia imagen, al menos con respecto a su capacidad de tomar decisiones físicamente eficaces sobre la base de razones y evaluaciones. No veo manera alguna de que la ciencia contemporánea desapruebe, o incluso considere muy improbable, esta interpretación religiosa de la teoría cuántica, o que proporcione fuerte evidencia que sostenga una imagen alternativa de la naturaleza de estas "decisiones libres". Estas decisiones parecen estar arraigadas en razones que están arraigadas en sentimientos concernientes a valor o dignidad.[16]

Este entendimiento de la consciencia apoya la dignidad única de la personalidad humana que se encuentra en la Biblia: somos mentes infinitas creadas a imagen de un Dios infinito (ver Génesis 1:27). Cada uno de nosotros tiene plantada eternidad en lo profundo del ser (ver Eclesiastés 3:11).

He tenido la bendición de observar, y aún observo, el poder creativo único de la mente humana. Mi investigación y experiencia al trabajar clínicamente con quienes tienen discapacidades en el lenguaje y el aprendizaje, o problemas emocionales y también lesiones cerebrales traumáticas, autismo, derrames cerebrales, víctimas de enfermedades cardiovasculares, en conjunto con los muchos estudios que salen del mundo científico y, lo más importante de todo, lo que dicen las Escrituras, todo ello me dice que muy ciertamente no somos robots biológicos o accidentes del azar, procesos científicos sin dirección alguna. He visto a individuos con cerebros lesionados continuar hasta conseguir múltiples grados académicos, y hacer avances en sus campos de estudio. He visto a individuos recuperarse de los peores tipos de trauma y trabajar para transformar sus comunidades. No estamos, como nos querría hacer creer Richard Dawkins, meramente bailando según la música de nuestro ADN.[17] La mente está impregnada con un diseño único y poderoso que se origina en la mente de Dios, lo que yo denomino tu Yo Perfecto. Somos sus obras maestras, diseñadas para reflejar su gloria en el mundo. Fuimos creados para traer el cielo a la tierra.

5

La ciencia de tu Yo Perfecto

> En la teoría cuántica, la experiencia es la realidad
> esencial, y la materia se considera una representación
> de la realidad primaria, la cual es la experiencia.
>
> Henry Stapp

Tú eres especial. Aunque esto pueda parecer un poco tonto, un cliché utilizado en exceso, sin embargo es cierto. Tú eres único. Tienes un modo particular de pensar, sentir y decidir que actúa como un filtro mediante el cual experimentas la realidad. Esta es tu corriente individual de consciencia, que da forma a la cosmovisión que construyes en tu mente, la cual a su vez moldea tus futuros pensamientos, sentimientos, palabras y conducta.

Si este filtro es roto, tu percepción de la realidad puede distorsionarse. Si estás amargado o tienes una baja autoestima, por ejemplo, tu cosmovisión puede llegar a nublarse por el pensamiento tóxico, el cual a su vez da forma a tu mentalidad y tus acciones. De igual manera, si intentas que un filtro diferente encaje en el modo en que estás diseñado, es decir, si intentas ser como otra persona, tu cosmovisión se distorsiona, lo cual influye en tu salud mental y física.

Es esencial conocer y entender tu diseño único, pues te capacita para tomar las decisiones correctas, momento a momento y día tras día. Tus decisiones moldean tu cerebro y, por lo tanto, moldean tu realidad. Puedes utilizar tu manera única de filtrar para descubrir y desarrollar tu Yo Perfecto, moldeando tu cerebro y tu realidad para que estén en consonancia con tu "tipo yo". Este es tu estilo de pensamiento natural y por defecto, el cual te permite lidiar con las circunstancias de la vida.

El pensamiento del Yo Perfecto, del "tipo yo", resulta en una mayor claridad de pensamiento, claridad de visión, procesamiento intelectual y equilibrio emocional. Produce una mentalidad que es capaz de examinar todos los factores y perspectivas relacionados con pensar, sentir y decidir. Es la clave para entender tu psiquis, tu persona, y la singularidad de tus acciones y reacciones. Activa tu consciencia de las cosas que deseas lograr, lo cual es tu sentido divino de propósito, y de este modo los medios y la valentía para alcanzarlos.

Neurológicamente, activa el circuito de pensamiento/aprendizaje en el cerebro. Operar en tu Yo Perfecto esencialmente te permite hacer frente a los retos de la vida y regocijarte a pesar de las circunstancias (ver Santiago 1:2-4). En contraste, si no consideras tu Yo Perfecto a medida que recorres tu día, tu modo de pensar único puede quedar frustrado, disminuyendo las capacidades que tienes para lidiar con cosas que van desde presiones normales del día a día hasta situaciones extremas de trauma. Por consiguiente, tus percepciones y el manejo de situaciones particulares pueden llegar a distorsionarse, conduciendo potencialmente a la supresión del dolor posterior mediante medios incorrectos, como drogas, comida, sexo, y otras cosas.

Si tu Yo Perfecto es repetidamente distorsionado o reprimido, se produce la habituación y se establecen patrones de reacciones tóxicas. Estos patrones de pensamiento tóxico crean desorden en la mente y caos neurológico y neurodegenerativo en el cerebro. La mente y el cerebro no se comunican correctamente, lo cual da como resultado una reducción en las estrategias cognitivas y de manejo de situaciones. El pensamiento tóxico es esencialmente un obstáculo en el Yo Perfecto. Si estos patrones negativos de pensamiento no son controlados, incluso pueden conducir a síntomas psiquiátricos, incluidos depresión, ansiedad, ideas suicidas, TOC, trastornos alimenticios, y brotes psicóticos.[1]

El Yo Perfecto es la fuerza impulsora que está detrás de nuestro diseño natural, constituido para el amor. Es un reflejo particular de Dios en este mundo, nuestra manera única de adorarlo a Él pensando, sintiendo y decidiendo bien. Es un subproducto de vivir según nuestro valor de verdad: el Yo Perfecto ha sido diseñado por Dios para reflejar su gloria al mundo. Nuestro pensamiento está diseñado para reflejar su imagen, ya que tenemos la mente de Cristo. Cuando hay personas que me preguntan por qué deberían saber sobre su Yo Perfecto, mi respuesta es sencilla: conocer tu Yo Perfecto te liberará y te hará libre para ser *tú*, un reflejo particular del Creador, el cual satisface tu sentido de propósito, aumentando tu inteligencia y tu gozo en el proceso.

Este libro está pensado para ayudarte a descubrirte *a ti.* Quiero que literalmente sondees las profundidades de quién eres tú y llegues a entender el valor que Dios depositó en ti como el pináculo de su creación, un ser humano que es capaz de pensar, sentir y decidir. Este es un asunto serio y requiere una consideración seria; de ahí que este sea un libro bastante serio.

El trauma y el pecado pueden interrumpir este diseño: las personas buscan amor en otras direcciones en un intento por volver a captar el sentimiento de ser verdaderamente ellos mismos, produciendo cierto nivel de orden en sus mentes y sus cuerpos. Sin embargo, siempre hay esperanza. El Yo Perfecto sigue siendo más fuerte que los patrones de pensamiento negativos, ya que la mente controla el cerebro, y el cerebro es neuroplástico, de modo que siempre es susceptible al cambio.[2] Podemos, como nos dice el apóstol Pablo, renovar nuestra mente (ver Romanos 12:2).

Desde luego, los esfuerzos científicos nunca explican la realidad por completo. La ciencia nos lleva por un camino de intentar entender la realidad. De ahí que la ciencia del Yo Perfecto se haya desarrollado inmensamente desde que comencé a investigar este concepto por primera vez hace treinta años, y seguimos teniendo mucho más que aprender y descubrir. A continuación tenemos una explicación compleja de algunos de los conceptos científicos que sustentan el concepto del Yo Perfecto. He hecho que sean todo lo sencillos posible, pero no tienes que leer o entender totalmente toda la ciencia para poder beneficiarte de los siguientes capítulos. Sin embargo, te recomendaría firmemente que leas este capítulo, ¡pues la información vale la pena la inversión! También hay un efecto secundario positivo al intentar entender información complicada: ¡aumentas tu inteligencia! Y esta sección particularmente "de ciencia" está seguida por un sencillo capítulo de aplicación y un esquema para ayudarte a unir todas las piezas del rompecabezas.

El diseño de tu Yo Perfecto

El Yo Perfecto tiene una estructura que puede explicarse utilizando el Modelo Geodésico de Procesamiento de Información que desarrollé hace casi treinta años atrás.[3] El perfil CU en la parte 3 fue desarrollado según esta estructura. En el resto de este capítulo explicaré esta estructura para ayudarte a entender cómo funciona el Perfil CU.

El Yo Perfecto tiene varios componentes distintos. Hay siete *módulos metacognitivos*: interpersonal, intrapersonal, lingüístico, lógico/matemático, cenestésico, musical, y visual/espacial. Cada módulo metacognitivo tiene cuatro *sistemas de procesamiento*: hablar, leer, escribir y escuchar. Cada sistema de procesamiento se divide en tres *dominios metacognitivos*: el declarativo (el "qué" de la información de la memoria), el procesal (el "cómo" de la información de la memoria), y el condicional (el "cuándo/por qué", o el propósito y el componente emocional de la memoria). Estos dominios metacognitivos proporcionan la estructura de *sistemas descriptivos* (recuerdos). La exclusividad de tus recuerdos está albergada dentro de estos tres elementos.

La actividad que se produce en estos componentes está controlada por la regulación de la mente en acción: tu modo de pensar, sentir y decidir. A nivel no consciente, donde tiene lugar aproximadamente el 90 por ciento del aprendizaje, esto se denomina *autorregulación dinámica*. A nivel consciente, donde tiene lugar tan solo aproximadamente el 10 por ciento del aprendizaje, esta regulación se denomina *autorregulación activa*.

Finalmente, *acción metacognitiva* es el término para el pensamiento profundo que causa que los elementos del qué, cómo, y cuándo/por qué de tu memoria comiencen a interactuar mediante el pensamiento deliberado e intencional. Mientras más intencional y deliberada sea la autorregulación activa, más probable será interactuar con la autorregulación dinámica (nivel no consciente). Los recuerdos con la mayor energía, los recuerdos, que son pensamientos, que han tenido una repetida atención esforzada y que, por lo tanto, están incrustados en un formato accesible, pasarán a la mente consciente. Cualquier cosa que se mueva hasta la alerta consciente es, por lo tanto, aquello en lo que más tiempo hemos pasado pensando.

Los siete módulos metacognitivos

Todos los siete módulos metacognitivos trabajan juntos de modo entretejido. Más concretamente, estos módulos trabajan de maneras únicas para cada uno de nosotros. Los siete módulos metacognitivos de la estructura/diseño del Yo Perfecto están albergados dentro de la compleja mente, cuántica y no consciente, la cual trabaja las 24 horas del día a inmensas velocidades de 10^{27}.

Estos siete módulos no son exhaustivos, sino más bien representativos del abanico de conocimiento humano y potenciales intelectuales: un abanico tan ilimitado como nuestro Dios. Todos los individuos poseen el espectro completo de los siete módulos metacognitivos, pero en cantidades que varían y combinados de diferentes maneras, revelando así características cognitivas específicas; de ahí el "Yo" Perfecto.

Un punto a notar aquí es que los siete módulos metacognitivos de mi modelo geodésico difieren de las siete inteligencias de la teoría de las "múltiples inteligencias" de Howard Gardner.[4] Mis siete módulos incorporan los tres tipos de conocimiento dentro del dominio metacognitivo: conocimiento declarativo, procesal y condicional. Las inteligencias de Gardner solamente incorporan el conocimiento procesal y, por lo tanto, están incompletas en términos del abanico del conocimiento humano.

No podemos enfocar el modo en que pensamos, sentimos y decidimos de una manera reduccionista. Aunque estos módulos funcionan como unidades independientes, cada uno con sus propias características cognitivas, están diseñados para interactuar a medida que procesas la información (pensar, sentir y decidir). Cuando estos módulos se relacionan, se produce el pensamiento del orden más elevado, porque el resultado neto de la interacción *entre* los módulos es calidad mejorada *dentro* de los módulos.

Es importante entender que los siete módulos metacognitivos trabajan en *armonía*. No podemos observar o escuchar a una persona y notar los siete. Lo que veremos es el producto final del trabajo conjunto de los siete módulos, de una manera que es única para esa persona. Es el todo colectivo lo que se expresa mediante las palabras y acciones de la persona: el Yo Perfecto está en el modo en que cada uno de nosotros tiene su propia "armonía".

Los sistemas de procesamiento

Como mencioné anteriormente, los módulos metacognitivos están divididos en cuatro sistemas de procesamiento: *leer, hablar, escuchar* y *escribir*. Cada uno de estos sistemas de procesamiento tiene a su vez una *función*, como la lectura para aprender conceptos, leer una novela por placer, leer un complejo manual técnico, escribir un correo electrónico, escribir una historia, dar una conferencia, tener una conversación con tu mejor amigo, y muchos otros.

Un *sistema de procesamiento* es un resultado de toda una disposición de procesos. Por ejemplo, el sistema de procesamiento de la lectura de un libro, que sería parte del módulo metacognitivo lingüístico, está formado por varios procesos, como el rastro visual de las letras, la discriminación visual de las letras, y la combinación de esas letras en unidades de significado. El sistema de procesamiento de la lectura tiene también varias funciones, como la lectura para obtener conocimiento factual, o leer para saber lo que les sucede a los personajes en una novela. Cada uno de nosotros tiene su propia interpretación/filtro (el Yo Perfecto) al hacer esas cosas.

Un sistema de procesamiento está representado neurológicamente como una estructura funcional compuesta por interrelaciones de diferentes partes del cerebro. Los sistemas de procesamiento eventualmente serán expresados a nivel simbólico por la acción cognitiva: lo que decimos y lo que hacemos. (Ver el esquema de mi teoría, el Modelo Geodésico de Procesamiento de Información, en las páginas 94-95). Un sistema de procesamiento se considera en mi modelo como el canal mediante el cual se expresan las habilidades intelectuales específicas de un dominio en particular.

Funcionar en tu Yo Perfecto maximizará la selección e integración de funciones en los sistemas de procesamiento más eficientes para poner en operación los actos cognitivos, dando como resultado un rendimiento óptimo. Esto significa que dirás y harás lo mejor para esa situación.

MODELO GEODÉSICO DE PROCESAMIENTO DE INFORMACIÓN

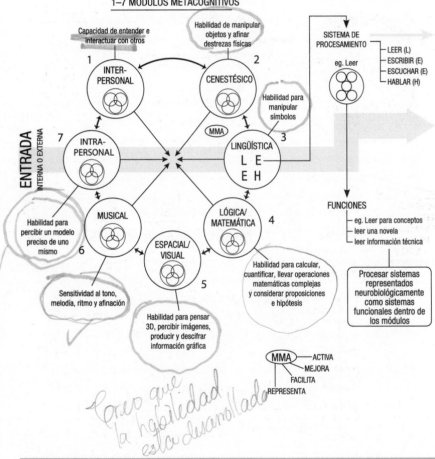

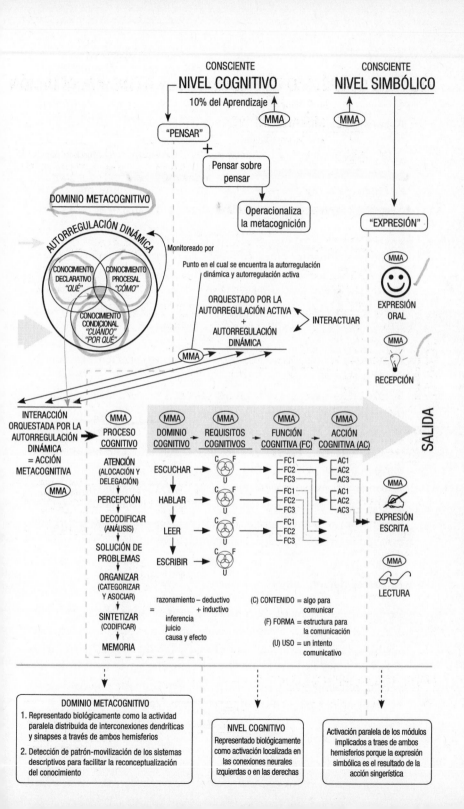

Autorregulación dinámica

A fin de poder leer esa novela o dar este discurso, necesitas activar o poner en operación el sistema de procesamiento. Esto se denomina *autorregulación dinámica*, una fuerza impulsora muy potente de tu mente en acción no consciente, y una muy específica para tu Yo Perfecto.

Como mencionamos antes, tu mente no consciente siempre está en acción, 24/7, de modo que la autorregulación dinámica siempre está activa. Tu mente no consciente no deja de analizar, limpiar, leer e integrar todos los recuerdos que tienes, los cuales cambian y crecen en respuesta a las experiencias de tu vida diaria.

En última instancia, la actividad de la mente no consciente responde por la acción de toma de decisiones de alto nivel que sigue adelante incluso cuando estamos distraídos con otras tareas a nivel consciente. La autorregulación dinámica controla hasta el 90 por ciento del pensamiento y el aprendizaje, y es responsable de activar y vigorizar recuerdos a largo plazo y sistemas de creencias (cosmovisiones) para que pasen a nuestra alerta consciente y, como tal, tiene una influencia enorme sobre nuestro pensamiento, sentimiento y decisión conscientes. La autorregulación dinámica también mantiene la alerta en los siete módulos metacognitivos cuando está teniendo lugar la reconstrucción interna (rediseño, crecimiento y cambio de los recuerdos).

Autorregulación activa

El pensamiento cognitivo consciente se denomina *autorregulación activa*. Mientras más profundamente pensamos, más interactúa la autorregulación activa con la autorregulación dinámica. La autorregulación activa es intencional y está controlada por tu *decisión* de prestar atención a algo. Su eficacia está determinada por cuán deliberado y atento estés en cualquier momento dado.

Es importante recordar que los pensamientos (también conocidos como sistemas descriptivos o recuerdos) son automatizados (convertidos en hábito) mediante el pensamiento cognitivo deliberado, repetido y consciente. Este tipo de pensamiento tiene que ocurrir durante un mínimo de tres ciclos de veintiún días a fin de que tenga lugar una verdadera comprensión.

El dominio metacognitivo y los sistemas descriptivos

Cada uno de los siete módulos metacognitivos utiliza su propio sistema operativo, conocido como el *dominio metacognitivo*. Estos dominios utilizan *tipos de conocimiento* declarativo (qué), procesal (cómo) y condicional (cuándo/por qué) para construir recuerdos con naturaleza de patrón (*sistemas descriptivos*). Estos recuerdos, a su vez, se convierten en sistemas de creencia o cosmovisiones, las cuales se reflejan en nuestras actitudes (*sistemas descriptivos ampliados y fortalecidos*).

Cada momento de cada día nos estamos fusionando con nuestro ambiente. Por medio de pensar, sentir y decidir estamos aprendiendo y plantando en el cerebro pensamientos, los cuales son cosas físicas reales. Este proceso tan sofisticado y complejo es esencialmente la ampliación y el fortalecimiento de los sistemas descriptivos mediante la adición de los tres tipos de conocimiento (pensar, sentir y decidir) al dominio metacognitivo. Sucede en nuestras mentes las 24 horas del día, ¡incluso cuando estamos dormidos! Somos verdaderamente seres maravillosamente intelectuales, incluso cuando no somos conscientes de lo que está sucediendo en nuestra mente.

Sin embargo, lo que ocurre a nivel metacognitivo es único para cada uno de nosotros. El modo particular en que construyes y almacenas los recuerdos se basa en tus percepciones e interpretaciones específicas, las cuales son exclusivas para ti. Los diversos mecanismos en el sistema nervioso son, de hecho, activados para desempeñar operaciones específicas sobre la información, y se produce un cambio estructural en el cerebro; y esto es único para cada persona. El uso repetido, la elaboración y la interacción entre los aparatos computacionales conducirán a formas de conocimiento que son útiles, inteligentes y *exclusivas* para ti. Por lo tanto, los dominios metacognitivos en el modelo geodésico reflejan la idea de que los seres humanos están constituidos así para ser sensibles a cierta información a su propia manera única. Cuando una forma concreta de información es presentada, *tu* mente pasa a la acción y trabaja mediante el sustrato de *tu* cerebro. Tu autorregulación será totalmente distinta a la mía; la persona que piensa y utiliza su Yo Perfecto conduce todos estos procesos.

En el Modelo Geodésico de Procesamiento de Información, la memoria se considera esencialmente como una parte del proceso cognitivo, en el que los nuevos sistemas descriptivos son conceptualizados de nuevo, o rediseñados. Cuando un nuevo sistema descriptivo es conceptualizado de nuevo, se almacena en los dominios metacognitivos apropiados de los módulos metacognitivos específicos en forma de conocimiento declarativo, procesal y condicional. La nueva conceptualización del nuevo conocimiento es actualizada y mejorada a nivel cognitivo, y después almacenada a nivel metacognitivo, donde será utilizada en el futuro rediseño de nuevo conocimiento.

Acción metacognitiva

La autorregulación activa intencional y deliberada activará la interacción entre la autorregulación activa y dinámica, el resultado de lo cual es pensar profundamente. Este pensamiento profundo se denomina *acción metacognitiva*, que es cuando los elementos de *qué*, *cómo* y *cuándo/por qué* de tu memoria comienzan a interactuar mediante el pensamiento deliberado hasta que generan suficiente energía para pasar a tu mente consciente. Si el pensamiento consciente no es deliberado (es decir, con el objetivo de desarrollar comprensión, que es cuando interactúan la autorregulación activa y dinámica), durante un periodo de aproximadamente sesenta y tres días, entonces aquello en lo que piensas no se convertirá en una parte influyente de tu mente no consciente.[5]

El pensamiento intencional y profundo moldea tu cosmovisión. Estos pensamientos se arraigan profundamente en la mente no consciente y, aunque no están disponibles para la introspección consciente, siguen influenciando los productos finales cognitivos de nuestros pensamientos, sentimientos y decisiones. Se vuelven disponibles para la introspección consciente solo cuando pensamos profundamente, utilizando nuestro Yo Perfecto, lo cual literalmente les da la energía para pasar a la alerta consciente.

Por lo tanto, *acción metacognitiva* es un modo profundo de pensar, sentir y decidir, expresado como los elementos fundamentales del Yo Perfecto y moldeado mediante el Yo Perfecto. Cuando el recuerdo brota a la parte consciente de tu mente, eres consciente de ello, y el recuerdo influencia o no influencia (tú puedes decidir conscientemente) tu procesamiento de cualquier cosa en la que estés enfocado.

Y cuando los recuerdos relevantes pasan de la mente no consciente a la mente consciente, la experiencia es ampliada y aumentada con nuevo conocimiento añadido a los recuerdos. Se producirá una mejor integración entre los recuerdos mientras más profundo pensemos, contribuyendo también a la nueva conceptualización del conocimiento. Esencialmente, no nos limitamos a añadir hechos a nuestros recuerdos; literalmente los *rediseñamos* con cada nueva información que percibimos y entendemos de modo único. Si una persona no es un pensador profundo, pensando, sintiendo y decidiendo de manera repetida, intencional y deliberada y siendo responsable de su aprendizaje, la información no será lo suficientemente fuerte para inducir el cambio cognitivo, emocional, conductual y académico.

La investigación, de hecho, muestra que cuando pensamos profundamente a nuestra manera única (nuestro Yo Perfecto), inducimos *neuroplasticidad*: nuestro cerebro cambia.[6] Nuestra mente lee o interpreta las actividades y patrones de las neuronas y las dendritas de nuestro cerebro. Las dendritas almacenan los recuerdos formados por las señales de la mente. Mientras más pensamos y generamos acción metacognitiva, más influenciamos y cambiamos esta configuración de la memoria física, la cual está entonces preparada para ser leída de nuevo (recordada) en un momento posterior, mediante la acción metacognitiva. Todo esto requiere que el cerebro funcione adecuadamente.

Un ejemplo de este proceso podría ser una discusión con tu cónyuge que activa recuerdos que pueden ser sanos o tóxicos, o ambos, de otras discusiones, reacciones y resultados similares que sucedieron en el pasado. Estos recuerdos se vuelven conscientes mediante el proceso descrito arriba, y se filtran mediante tu Yo Perfecto, reuniéndose en tu modo único de pensar, sentir y decidir. Tu decisión, a su vez, genera y proyecta tus palabras y acciones a la conversación, con sus actitudes y sabor únicos. Las configuraciones e interpretaciones pueden volverse equivocadas (tóxicas) cuando nos salimos de nuestro Yo Perfecto y tomamos decisiones tóxicas, o si el cerebro sufre algún daño.

El potencial de disposición

Los científicos ven indicaciones de esta actividad de autorregulación dinámica no consciente en lo que se denomina el "espacio potencial de disposición". Este potencial implica la interacción entre la autorregulación dinámica y activa, la cual se activa mediante el pensamiento profundo y deliberado. Cuando se produce esta interacción, se activa el proceso cognitivo. La cognición está regulada por la metacognición y lleva la acción metacognitiva del sistema de procesamiento hasta el nivel expresivo simbólico: lo que decimos y hacemos.

Benjamin Libet, un pionero en el campo de la consciencia humana, realizó uno de los primeros estudios sobre la cognición y la metacognición.[7] Su investigación comenzó a principios de la década de 1980 (cuando yo estaba haciendo mi primer nivel de investigación de posgrado) y ha dado forma al modo en que muchos científicos enfocan la cuestión de la consciencia. Libet conectó a personas a una máquina que medía la actividad cerebral mientras les pedía que decidieran al azar presionar un botón. Entonces se pedía a los sujetos que notaran conscientemente cuándo decidían presionar el botón. Él descubrió que justo antes de la decisión consciente de presionar el botón, aproximadamente 200 milisegundos, había una acumulación consciente de actividad en el cerebro, la cual denominó el "potencial de disposición". Y aproximadamente a 350 milisegundos, los sujetos mostraban actividad inconsciente antes de reportar cualquier grado de alerta consciente. Estudios posteriores vieron esa acumulación diez segundos antes de una decisión consciente.[8]

Algunos defensores del materialismo interpretaron los descubrimientos de Libet de modo que negaban la capacidad de elección. Llegaron a la conclusión de que los estudios demostraban que el cerebro es la causa de la actividad consciente, ya que la acumulación de "potencial de disposición" ocurría antes de una decisión consciente.[9] Posteriormente, utilizaron esta interpretación para negar la existencia del libre albedrío. Más investigaciones mostraron, sin embargo, que el "potencial de disposición" seguía estando ahí, incluso cuando los sujetos no tomaban decisiones concretas y conscientes. En un estudio, los sujetos tenían que presionar un botón cuando veían un cubo entre muchas otras formas. La actividad cerebral medida durante la tarea mostraba que el "potencial de disposición" estaba ahí incluso antes de que apareciera el estímulo. Como observó uno de los investigadores:

> Nuestros resultados demuestran que la actividad neuronal, que está presente antes de las respuestas motoras, emerge antes de la presentación de un estímulo. En ese momento, los participantes no eran capaces de saber si presionar el botón de la izquierda o de la derecha antes de que apareciera un estímulo. Además, la activación precedente a la estimulación no difería de modo significativo entre las dos

respuestas alternativas. Por lo tanto, la actividad observada no puede considerarse una preparación específica para presionar uno de los botones en lugar del otro.[10]

En esencia, no podemos decir que el "cerebro decidió" presionar un botón. El "potencial de disposición" existe, ya sea que haya o no un botón que presionar (o algún otro estímulo); otra cosa es responsable de las decisiones específicas que tomamos en cualquier momento dado. No podemos mirar un cerebro y decidir por qué un ser humano toma las decisiones que toma porque el cerebro con sus secuelas neuronales no nos habla sobre la experiencia de una persona y su libre albedrío.

Libet, de hecho, no negaba el libre albedrío.[11] Él destacó que la mente tiene la capacidad de vetar una acción mientras continúa la actividad neuronal. Él denominaba a eso el "veto consciente", que apoya la idea del libre albedrío que está en la Biblia. El cerebro seguirá en piloto automático y desempeñará tareas, y sin embargo la mente o el yo (tu Yo Perfecto) tiene la capacidad de interferir evitando que se desempeñe la actividad. Nuestras elecciones importan.

Estos estudios no solo demuestran que el cerebro discurre en piloto automático. El libre albedrío no es tan solo una ilusión, como nos querrían hacer creer varios destacados materialistas.[12] Más bien, el cerebro, como sustrato físico, parece estar respondiendo a la mente no consciente (o estar siendo "usado" por ella), la cual está orquestada por la autorregulación dinámica y el proceso de seleccionar los sistemas descriptivos adecuados (recuerdos) que necesitan pasar a la mente consciente. Cuando los recuerdos han pasado a la mente consciente y hemos filtrado la información mediante nuestro Yo Perfecto, pensamos, sentimos y tomamos una decisión acerca de si realizar o anular una acción.

Por lo tanto, utilizando el ejemplo anterior de mantener una conversación con un cónyuge, puedes decidir anular cómo respondió tu cónyuge en el pasado y darle el beneficio de la duda, o puedes hacer lo contrario y comenzar una discusión. Si estás operando plenamente en tu Yo Perfecto, harás lo primero, ya que no estarás reaccionando desde una mentalidad tóxica, sino desde una basada en el amor.

El rol del Espíritu Santo

Para asegurar que nos mantenemos en nuestro Yo Perfecto y respondemos correctamente a las circunstancias de la vida diaria, necesitamos entrenarnos a nosotros mismos para consultar con el Espíritu Santo diariamente.[13] Podemos pedir al Espíritu Santo que nos ayude a renovar nuestra mentalidad y nos enseñe a reaccionar y comportarnos (ver Juan 14:15–17, 26; 16:12–15; Hechos 2:38; Romanos 15:13; Gálatas 5:22–23). El Espíritu Santo nos guiará, si *decidimos* escucharlo, y nos mostrará la manera correcta de "vetar conscientemente" nuestro pensamiento, sentimiento y decisión. De esta manera, cumplimos los requisitos de la Escritura de orar constantemente (ver 1 Tesalonicenses 5:17).

El proceso de desarrollar una consciencia alerta, la cual incluye un diálogo constante con el Espíritu Santo, es fundamental para nuestra salud mental y física. La concientización aumenta nuestras posibilidades de mantenernos en el Yo Perfecto, mejorando así nuestra perspectiva y autorregulación, y ayudándonos a tener acceso a los almacenes no conscientes de nuestra mente. También fomenta el deseo de buscar más conocimiento y aprender sobre los efectos de los pensamientos tóxicos no conscientes. Cuando una actitud tóxica es cambiada, por ejemplo, es más fácil aprender nuevos hábitos saludables de pensamiento.

Por lo tanto, cuando estás en tu Yo Perfecto, eso activa tu deseo de obtener conocimiento verdadero y pensar profundamente para entender y aplicar este conocimiento. El pensamiento profundo y la aplicación conducen a la sabiduría. La sabiduría, a su vez, reconoce la necesidad de más conocimiento, y así sigue adelante el ciclo. Yo lo denomino "el modelo de la sabiduría", que es uno de los beneficios clave de operar en tu Yo Perfecto. El potencial para llegar a ser consciente de la operación de nuestros siete módulos metacognitivos es, de hecho, una característica especial de nuestra humanidad. Mientras más interactúan los siete módulos metacognitivos, más interviene nuestro pensamiento profundo y más sabios llegamos a ser.

La sabiduría es el resultado neto de la interacción entre los siete módulos metacognitivos. Cuando mejoramos de manera deliberada e intencional la calidad de la interacción dentro de los siete módulos metacognitivos (la calidad de nuestro modo de pensar, sentir y decidir), mejora lo esencial de nuestro Yo Perfecto.

La diferencia entre tu Yo Perfecto y el mío

La diferencia entre tu Yo Perfecto y el mío implica diferencias en los componentes de los siete módulos metacognitivos, sus dominios metacognitivos, y sus sistemas de procesamiento. De hecho, la acción metacognitiva de la autorregulación dinámica y activa es también exclusiva del individuo. El modo en que conduces tu mente es único: tu "tipo tú" o Yo Perfecto está capturado y reflejado en el "qué, cómo, cuándo/por qué" además de en cómo los manejas mediante la autorregulación dinámica y activa. Cuando trabajes en el perfil CU en la sección siguiente, esta exclusividad es lo que estarás descubriendo. El resultado neto es una consciencia alerta de tu identidad: es una perspectiva particular de tu Yo Perfecto, de modo que puedes resaltar y mejorar tu capacidad de pensar, sentir y decidir. Esto es *concientización inteligente*, que es el propósito general de comprender y utilizar las zonas de incomodidad y los ejercicios en la parte 4 de este libro.

Los siete módulos metacognitivos trabajan juntos de manera simultánea y entrelazada, y de maneras únicas para cada uno de nosotros. Esta singularidad representa el pensar, sentir y decidir individualista. Todos tenemos la capacidad de pensar, sentir y decidir, pero el Yo

Perfecto de cada persona es diferente, y es exclusivamente nuestro, al igual que nuestras huellas dactilares.

Fortaleza en la suma de las partes es el principio fundamental de esta perspectiva modular. La calidad de funciones corticales más elevadas está influenciada por la interacción armónica de los siete módulos metacognitivos, la cual se facilita haciendo ejercicios que recurren a las habilidades de todos los módulos. Cuando nos salimos de nuestro Yo Perfecto, no recurrimos correctamente a los módulos y, en cambio, solo recurrimos a una selección de ellos.

Por ese motivo, el perfil en el capítulo siguiente es un proceso de exploración consciente para aumentar tu alerta y perspectiva sobre cómo interactúan tus siete módulos metacognitivos para producir el modo único en que piensas, sientes y decides. El perfil CU te enseña a pensar sobre tu modo de pensamiento y comprender quién eres. Da como resultado la detección de patrones, que es la llamada de sistemas descriptivos existentes en tu mente, de modo que es un modo de obtener perspectiva dentro de tu marco mental único. Esencialmente muestra *tu única* interrelación compleja entre metacognición, cognición, y la estructura biológica del cerebro.

Los ejercicios que siguen en la parte 4 te ayudarán a mantenerte alerta y autorregular tus pensamientos, sentimientos y decisiones, que son los elementos fundamentales de tu Yo Perfecto. Aprenderás sobre las zonas de incomodidad para que así puedas llegar a ser consciente de cuándo te estás alejando de tu Yo Perfecto. Y más importante, aprenderás a mantenerte en tu Yo Perfecto todo lo posible, ¡y reflejar la gloria de Dios cada vez más cada día!

Conocer y comprender tu identidad empodera tus decisiones, las cuales influyen no solo en tu propia vida, sino también en las vidas de quienes te rodean. Revelar tu Yo Perfecto no es opcional; es esencial para la buena vida.

Aprendizaje

Cuando operas en tu Yo Perfecto, estás aprendiendo bien. Todo tu modo de pensar, sentir y decidir conduce al aprendizaje, de modo que aprendes incluso cuando no estás pensando correctamente (en otras palabras, operando fuera de tu Yo Perfecto). Debes ser muy consciente de aquello en lo que te estás enfocando: podrías estar aprendiendo cosas que tendrán un impacto negativo.

El aprendizaje es la reconceptualización creativa del conocimiento. Está controlado por la autorregulación activa y dinámica. Tiene la cualidad de la implicación personal, es generalizado, y su esencia es *el significado*. Lo que aprendemos determina el significado de nuestras vidas, ya que moldea nuestra cosmovisión, o el filtro de la mentalidad mediante el cual lo vemos todo.

Cuando operamos en nuestro Yo Perfecto estamos aprendiendo de manera sana y construyendo recuerdos sanos. Sin embargo, cuando operamos fuera de nuestro Yo Perfecto aprendemos de modo distorsionado, y construimos recuerdos tóxicos que dañan el cerebro y el cuerpo.

Todos tenemos que preguntarnos a nosotros mismos lo que queremos que esté en el almacén de recuerdos de nuestra mente. Aquello en lo que más nos enfoquemos crecerá e influirá en nuestras perspectivas y sistemas de creencia (o cosmovisiones). Como dice la frase, nos convertimos en lo que amamos. Esto puede ser una experiencia positiva y también negativa. Operar en el Yo Perfecto te mantiene en consonancia con tu diseño divino, portador de imagen. Te permite reflejar la gloria de Dios, ya que te enfocas en Él y estás aprendiendo a ser más como Él.

El Yo Perfecto está reflejado en la carta de Pablo a los Filipenses. El apóstol exhorta a los seguidores de Cristo: "*Concéntrense en todo lo que es verdadero, todo lo honorable, todo lo justo, todo lo puro, todo lo*

*bello y todo lo admirable. Piensen en cosas excelentes y dignas de alaban-
za"* (Filipenses 4:8 NTV).

Cuando pensamos en cosas de Dios, nos volvemos más como Él. La
"palabra implantada", y no Google o el chismorreo, salvará tu alma
ver (Santiago 1:21). Es crítico recordar que el pensamiento en el Yo
Perfecto producirá un producto final: tus palabras y acciones. Somos
lo que pensamos; o como dice en Proverbios: *"cual es su pensamiento
en su corazón, tal es él"* (23:7).

El ángulo cuántico del Yo Perfecto y el Modelo Geodésico

Como hablamos antes, cada uno tiene su manera distinta de conocer, que se expresa mediante el Yo Perfecto. Esta manera de conocer
resulta en cambios en el cerebro: el cerebro responde a la mente. La
teoría cuántica muestra la interacción entre la mente y el cerebro, y
utiliza las matemáticas para describir esta relación.[14]

El cerebro humano, como el sustrato mediante el cual opera la mente, no puede explicarse solamente por la física clásica. Como explica
el físico cuántico y matemático Henry Stapp:

> El alejamiento más radical de la física clásica instituido por
> los fundadores de la mecánica cuántica fue la introducción
> de la consciencia humana en la maquinaria dinámica y com-
> putacional. Este cambio constituye una ruptura revolucio-
> naria con el enfoque clásico, porque el éxito de ese enfoque
> anterior estaba juzgado debido en gran medida precisamen-
> te al hecho de que mantenía fuera la consciencia. Sin embar-
> go, la necesidad de una teoría racionalmente coherente y útil
> en la práctica forzó a los creadores de la mecánica cuántica
> a introducir en la teoría no meramente a un observador pa-
> sivo, superpuesto a medida sobre la mecánica clásica, junto
> con el conocimiento que discurre pasivamente a su cons-
> ciencia, sino, sorprendentemente, a una consciencia activa

que opera en la dirección contraria, e inyecta eficazmente intenciones conscientes al mundo descrito físicamente.

Sin duda, es obvio que los seres humanos sí inyectamos en la práctica nuestras intenciones conscientes a la naturaleza siempre que actuamos de modo intencional. Pero en la física clásica se suponía que cualquiera de esas acciones humanas era tan solo una consecuencia compleja de la maquinaria puramente física. Sin embargo, la generalización cuántica de las leyes de la mecánica clásica propuestas por Heisenberg y sus colegas no generan por sí mismas una teoría física determinista dinámicamente completa. Tienen una brecha causal. Es necesario algo más para completar la dinámica.[15]

Mientras más examinamos y entendemos la consciencia humana y el poder de la decisión, más vemos que los seres humanos no somos solamente máquinas biológicas complicadas de causa y efecto. Como Stapp mismo pregunta: "¿Cómo dan lugar los movimientos de los objetos en miniatura parecidos a planetas de la física clásica a sentimientos individualistas y a comprender y conocer? La física clásica dice que algún día se conocerán esas conexiones, pero ¿cómo pueden entenderse en términos de una teoría... que elimina el agente de la 'conexión'?".[16]

La física clásica no trata de tus experiencias, sino más bien de un mundo físico predeterminado sin mención alguna a tus pensamientos físicos. Pero tú eres un jugador en un partido, un cocreador de tu realidad física en evolución. Muchos materialistas tienden a negar el poder intangible de la consciencia y la decisión, citando que entenderemos "algún día" cómo se produce eso, mientras que se descartan explicaciones que desafían sus paradigmas reduccionistas. Esto no es buena ciencia; ciertamente, no es ciencia en absoluto.

Werner Heisenberg, quien recibió el Premio Nobel en 1932 por la creación de la física cuántica, propuso una generalización cuántica de las leyes clásicas y sin embargo, seguía habiendo una brecha causal en su trabajo.[17] ¿Qué causa el cambio en el cerebro? Las leyes no pueden generarse por sí mismas; necesitan que alguien o algo las genere. La forma de mecánica cuántica de John von Neumann lo resolvió *introduciendo al individuo con su libre albedrío* a fin de llenar la brecha causal: el Yo Perfecto.[18]

El observador individual fue incorporado al núcleo de la mecánica cuántica mediante la sustitución de Heisenberg de números por acciones. El número representa "propiedades internas de un sistema físico", mientras que la acción que sustituye al número representa *la persona con su libre albedrío* observando o probando el sistema.[19] Que las acciones sustituyan números desafía el materialismo de la física clásica porque, como dijimos en la sección sobre filosofía interactiva dualista, la mente (el observador individual) cambia libremente el cerebro (el ámbito físico). En esencia, las intenciones y percepciones libremente escogidas del individuo (Yo Perfecto) son inyectadas a un sistema físico (cerebro), cambiándolo estructuralmente. Esto, a su vez, resulta en palabras y acciones, y más cambio físico ocurre en nuestro cerebro y, por lo tanto, en nuestro mundo. Las decisiones tienen el poder de la vida y la muerte (ver Deuteronomio 30:19).

Esta teoría cuántica de mente-cerebro se denomina Formulación Ortodoxa de Mecánica Cuántica de Von Neumann. Está construida en torno al efecto de las acciones intencionales y psicológicamente descritas de la persona sobre propiedades descritas físicamente (el cerebro de la persona). Especifica las conexiones causales entre el ámbito de la mente y el ámbito del cerebro con las leyes básicas de la física. Esta formulación vence la principal objeción al dualismo cartesiano, que era la falta de una comprensión de cómo la mente puede afectar el cerebro. Notablemente, muestra que la consciencia humana no puede ser "un testigo inerte de la danza sin sentido de los átomos".[20] No estamos meramente danzando al son de nuestros átomos o nuestro ADN.

El cerebro tiene una naturaleza cuántica, demostrada por los cálculos de la física cuántica y la neurobiología cuántica, que no puede explicarla adecuadamente la física clásica. Procesos iónicos que ocurren en los nervios, que están a nivel atómico y no pueden justificarse únicamente por la física clásica porque son demasiado pequeños, controlan cerebros. El proceso de la exocitosis, por ejemplo, que deposita moléculas neurotransmisoras a la sinapsis, requiere las explicaciones más afinadas de la mecánica cuántica.[21]

No es una sorpresa que el físico cuántico Christopher Fuchs declare que "la mecánica cuántica es una ley de pensamiento".[22] La teoría cuántica evidencia la importancia de la mente en acción, la conexión entre mente y cerebro, y el poder de nuestro intelecto, voluntad y emociones, que puede causar cambios físicos en el cerebro. Como resultado, la teoría cuántica es una manera muy poderosa de explicar el pensamiento y el Yo Perfecto, junto con la neurociencia y la neuropsicología.

El filósofo y teólogo Keith Ward denomina la teoría cuántica como "el modelo más preciso jamás desarrollado para entender las cosas más profundas".[23] Dos de "las cosas más profundas", dos de las mayores preguntas que todos encaramos en un momento u otro, es cómo pensamos singularmente como seres humanos y cuál es nuestro propósito en esta tierra. ¿Por qué tenemos la mente que tenemos? ¿Cuál es nuestra parte en la eternidad y el sentimiento divino de propósito (ver Eclesiastés 3:11)? La física cuántica nos da una manera de describir, científicamente, este sentimiento divino de propósito, mostrándonos cuán poderosas son nuestras mentes. Proporciona una teoría científica que explica el poder de la capacidad de decisión del individuo, y así de cambiar su cerebro, su cuerpo y el mundo. Por lo tanto, destaca la importancia del pensamiento y cómo estamos formados de forma única y maravillosa (ver Salmos 139:14).

Dios está usando la ciencia para mostrar el poder del pensamiento y del libre albedrío de manera práctica. Vemos, mediante la teoría cuántica y la neurociencia, que podemos observar que nuestros pensamientos son reales, y que importan. Lo que pensamos no solo influye en nosotros (espíritu, mente y cuerpo), sino también en quienes se relacionan con nosotros e incluso a generaciones futuras. La física cuántica provee, por lo tanto, validación de algo que todos sentimos intuitivamente: nuestros pensamientos conscientes tienen la capacidad de afectar nuestras acciones. Describe las maneras en las que nuestros pensamientos, sentimientos y decisiones conscientes entran en el ámbito físico y nos dan un modo de describir los cambios estructurales que se ven en el cerebro como resultado del pensamiento humano.

Incertidumbre y decisión

Momento a momento, cada día, pensamos, sentimos y decidimos. Lo hacemos utilizando nuestro Yo Perfecto en su modo por defecto o, por otro lado, mediante decisiones incorrectas que hacen que nos alejemos de nuestro Yo Perfecto y, así, de la sabiduría.

Cuando el estímulo de los eventos de la vida entra en tu cerebro mediante tus cinco sentidos, tu Yo Perfecto estructuralmente único y espiritualmente diseñado filtra la información, y esta actividad específica prende tu cerebro. Nadie sabe lo que vas a decidir excepto tú mismo. Hay un número infinito de probabilidades entre las que puedes escoger, buenas y malas, de las que en la teoría cuántica se habla en términos de la onda de probabilidad de Erwin Schrödinger. La ecuación de Schrödinger predice la probabilidad, pero es tan solo una predicción, de modo que siempre hay cierto grado de incertidumbre en cuanto al resultado.

Sin embargo, aunque no conocemos los detalles, sí sabemos que los planes de Dios para nosotros son buenos y que Él quiere darnos una esperanza y un futuro (ver Jeremías 29:11). Cualquier cosa que decidamos que esté en la zona de amor, de lo cual hablamos al principio de este libro, va a tener un resultado positivo y a ser parte del plan de Dios. Por otro lado, hay un abanico de probabilidades en la zona de temor que pueden tener un impacto tóxico en nuestras vidas. Entonces cuando decidimos, en términos cuánticos derribamos una onda de probabilidad (o en términos de la neurociencia, nuestra decisión genera una señal que causa expresión genética). Según Fuchs, la función ondulante de todas las posibilidades probables no describe objetivamente el mundo; más bien describe *subjetivamente* a la persona y sus decisiones únicas, de modo que cada uno de nosotros tiene su propia función ondulante, nuestra propia realidad, y nuestro propio conjunto de probabilidades (o creencias, actitudes y decisiones).[24] De ahí que Dios tenga un plan *específico* para nuestras vidas, y nosotros participamos en ese plan como *individuos* con la capacidad de elegir libremente.

Antes del derrumbe de la ondulación, que es nuestra decisión, la función ondulante incorporaba varias probabilidades. Estas probabilidades no son ondas reales, sino más bien ondas de probabilidad en un espacio conceptual denominado *espacio Hilbert*.[25] El espacio Hilbert es un concepto matemático y lleva su nombre por David Hilbert, uno de los matemáticos más influyentes de los siglos XIX y XX. Por lo tanto, el derrumbe de la ondulación es el conocimiento actualizado del observador (tú) cuando recorres el proceso de pensar, sentir y decidir para el abanico de probabilidades en el espacio Hilbert.

Mientras estás pensando y sintiendo, estás en *superposición*. A nivel atómico esto significa que dos partículas están en un 1 y un 0 al mismo tiempo (llamado un *cúbit*) y se mantienen unidas por el entrelazamiento cuántico antes de colapsar e ir hacia un 1 o un 0 como resultado de una decisión. Esto significa que el cerebro, como una computadora cuántica, puede calcular diferentes computaciones simultáneamente mientras está teniendo lugar el proceso de toma de decisiones. En palabras sencillas, podemos tener en mente dos perspectivas al mismo tiempo. Esta *acción mental* tiene una reacción física sobre múltiples niveles, desde las ondas de energía hasta el nivel atómico y también hasta el nivel de nuestra decisión de crear una realidad por encima de otra.

Por lo tanto, ¿cómo se ve esto en un nivel cuántico y en el cerebro? La información (escoger un destino de vacaciones, un diagnóstico médico, una situación en el trabajo, una oportunidad, una discusión con el cónyuge; cualquier cosa) entra en tu cerebro mediante los cinco sentidos, y activa la acción electroquímica y cuántica en tus neuronas.

Si entramos en las neuronas, encontramos microtúbulos, alrededor de diez millones por neurona (todos son realmente minúsculos). Estos microtúbulos están formados por proteínas llamadas *tubulinas*, que a su vez están formadas por aminoácidos llamados *triptófanos*, los cuales a nivel molecular están formados por seis átomos de carbono en forma de anillo (lo cual se denomina un *anillo aromático*). La acción cuántica está teniendo lugar a nivel de los electrones que vibran y oscilan de un lado a otro en este anillo. Esos electrones, debido al principio de incertidumbre de Heisenberg (que, a nivel mental, es cuando aún no has tomado tu decisión, de modo que no sabes todavía si el destino será Hawái o París) no tienen posiciones fijas. Los electrones extendidos como si fueran una onda literal de probabilidades (u opciones, posibilidades o tendencias) y los anillos aromáticos se cruzan y comparten nubes de electrones, pasando a superposiciones de 1 y 0 (el bit cuántico o cúbit: esencialmente estás pensando en Hawái y París al mismo tiempo). No hay tan solo un camino de ellos, sino varios, de modo que se denominan *cúbits topológicos*, y debido a que hay muchos de ellos que trabajan juntos se denomina *coherencia*. Mientras más hablemos al Espíritu Santo, más coherencia tendremos y mayor acceso a su infinita sabiduría, la cual cambiará positivamente nuestra coherencia y nos permitirá tomar una decisión positiva.

Cuando decidimos, seleccionamos una probabilidad desde el espacio de Hilbert y colapsamos la ondulación, lo cual significa que hemos convertido una probabilidad en una realidad. Hemos convertido una nada en algo. Este derrumbe de la función ondulante también se denomina *decoherencia* en la teoría cuántica. Por consiguiente, comenzamos a construir esta realidad en un efecto físico en nuestro cerebro mediante la expresión genética. De esta manera actualizamos nuestra mente no consciente con nueva información y mayores niveles de experiencia y sabiduría, si decidimos correctamente. Si decidimos incorrectamente, el conocimiento actualizado es tóxico.

A su vez, esto nos conduce al Efecto Zenón Cuántico (QZE, por sus siglas en inglés), que es un tipo de efecto de decoherencia.[26] El QZE describe cómo, cuando prestamos atención repetidamente a algo y pensamos, sentimos y tomamos decisiones (colapsando una función ondulante), estamos creando un recuerdo a largo plazo que llegará a ser parte de nuestros sistemas de creencia y también influenciará nuestras decisiones en el futuro. En términos sencillos, es el esfuerzo repetido el que permite que tenga lugar el aprendizaje; es el efecto del que hablamos antes: "cualquier cosa en la que pensemos más, crecerá". La información llega a quedar implantada, y si la información es buena, "salvará" tu mente (ver Santiago 1:21). Operar fuera de tu Yo Perfecto puede incluso considerarse recuerdos repetidos y, por lo tanto, aprendidos (QZE) que son incorrectos e interrumpen el circuito de recompensa/pensamiento/aprendizaje en el cerebro.

En efecto, las personas que operan en su Yo Perfecto son la buena tierra en la parábola del sembrador en Mateo 13:1-23. Persisten y siguen adelante incluso cuando ya "no lo sienten". Se aferran a la Palabra de Dios incluso cuando la vida ya no es despreocupada y feliz, o cuando esa estupenda conferencia en la iglesia ha terminado y vuelven a la rutina de la vida cotidiana. Sin embargo, la parábola también incluye a personas que rumian sin fin las preocupaciones y los engaños de la vida: en lugar de construir pensamientos sanos por el esfuerzo repetido, construyen mentalidades y cosmovisiones negativas que influencian sus decisiones diariamente. Esto se denomina la *paradoja plástica*, y destaca el hecho de que nuestro cerebro simplemente sigue la dirección hacia la que nuestra mente nos lleve, sea positiva o negativa. Podemos decidir.

Nuestra singularidad inunda estas decisiones. Ya que actuamos desde lo que hemos construido en nuestra mente, nuestras decisiones literalmente nos describen, ya que reflejan nuestras actitudes y sistemas de creencia profundamente arraigados. Descubrir los sustratos neurales del libre albedrío ha intrigado por mucho tiempo a filósofos y científicos, y que el poder y la realidad de decidir se refleja en el cerebro, siendo el cerebro el sustrato mediante el cual opera la mente, ha quedado confirmado recientemente por investigadores de la Universidad John Hopkins.[27] ¡La ciencia está alcanzando a la Palabra de Dios!

Entrelazamiento

La mecánica cuántica, con su énfasis en la naturaleza entrelazada de la consciencia y el mundo físico, se trata de *nosotros en el mundo*, no del mundo en nosotros. "Nosotros en el mundo" se vuelve fundamental para la liberación del Yo Perfecto. Esto se debe a que en el aleccionador reconocimiento de que puedes hacer algo que ninguna otra persona puede hacer mientras operas en tu Yo Perfecto, el papel que desempeñas en las vidas de otros es magnificado. En un estudio, personas que servían a otras que estaban pasando por alguna situación experimentaron un 68 por ciento de aumento en sanidad comparado con aquellos que solo recibieron tratamiento para sí mismos.[28] La investigación mostró que ayudar a otros predecía una mortalidad reducida específicamente al cambiar el estrés tóxico por estrés sano. Muchos estudios indican que la conducta de ayuda puede mejorar los efectos del estrés sobre la salud mental y física, específicamente cuando las personas se acercan en amor con una actitud positiva a otras personas.[29] Además, hay estudios que muestran que el aislamiento tiene un impacto negativo sobre la salud mental y física.[30] Estamos hechos para interactuar los unos con los otros y ayudarnos unos a otros, incluso cuando estamos pasando por malos momentos. En esencia, el principio del entrelazamiento muestra que el Yo Perfecto no se trata de nosotros mismos, sino más bien de cómo podemos llegar a conocer mejor a Dios y servir a los demás.

Ciertamente, la vida es una cosa entrelazada, y vemos este principio con claridad en la Escritura en Efesios 4:16: *"Él hace que todo el cuerpo encaje perfectamente. Y cada parte, al cumplir con su función específica, ayuda a que las demás se desarrollen, y entonces todo el cuerpo crece y está sano y lleno de amor"* (NTV). Todos nos necesitamos los unos a los otros; mediante el compañerismo cristiano es como llegamos a conocer mejor a Dios. Somos los administradores del mundo, y toda la creación gime para que reflejemos la gloria de Dios (ver Romanos 8:19-21). No podemos escapar a la naturaleza entrelazada de nuestro mundo.

El entrelazamiento es, de hecho, una ley primaria de la física cuántica. Dios nos creó para tener relación con Él, los unos con los otros, y con la tierra que se nos requiere que administremos. La física cuántica nos ayuda a entender cuán entrelazado está nuestro mundo. Si un fotón cobra existencia a mil millones de años luz desde aquí, eso te afecta a ti, incluso si no notas que te afecta. John Bell, famoso por el Teorema de Bell (formulado en el CERN en Ginebra en 1964),[31] observó que existe una conectividad cuántica inseparable de cada parte con todo lo demás en nuestro universo. Independientemente de cuán apartadas estén en distancia y tiempo, todas las partículas en una relación se afectan unas a otras: estas relaciones existen por encima del espacio y el tiempo.

El entrelazamiento demuestra el profundo impacto que nuestro modo de pensar, sentir y decidir tiene, no solo sobre nosotros mismos (espíritu, mente y cuerpo), sino también de unos sobre otros y el mundo que nos rodea. El perdón es un ejemplo primordial de entrelazamiento en acción. Al no perdonar, nos mantenemos entrelazados en la vida de alguien, y todo lo que esa persona dice o hace es tan real como si aún estuviera en nuestra vida haciéndonos daño. Al perdonar, nos soltamos a nosotros mismos de la situación tóxica que hemos experimentado, protegemos nuestro espíritu, y recreamos un entrelazamiento saludable en el que ya no somos afectados por las malas decisiones de esa persona.

No podemos controlar los eventos y las circunstancias de la vida, ya que cada uno es libre para tomar sus propias decisiones, incluso si nos afectan negativamente. Sin embargo, podemos controlar nuestras reacciones a los eventos y las circunstancias de la vida mediante las decisiones que tomamos. Cuando entendemos cómo reaccionamos, cuando entendemos cómo pensamos, sentimos y decidimos (nuestro Yo Perfecto), entendemos que podemos decidir controlar esas reacciones y asegurar que reflejen nuestro diseño portador de imagen y constituido para amar. A su vez, moldeamos nuestro mundo, dando testimonio del amor de Dios: verdaderamente comenzamos a reflejar, como una luz sobre un monte, ¡su magnífica imagen!

Ilustración 5.2
Procesando el Yo Perfecto: Pensar/Sentir/Decidir

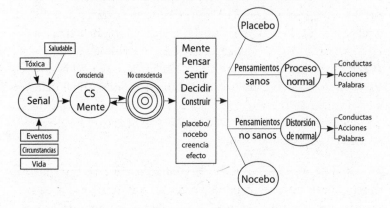

PARTE
TRES

6

Perfil de tu Yo Perfecto

La Herramienta de Evaluación Cualitativa Única (CU)

Insiste en ti mismo; nunca imites.

Ralph Waldo Emerson
Ensayista y poeta

Las diferencias no tienen intención de separar,
de aislar. Somos diferentes precisamente para
entender nuestra necesidad unos de otros.

Arzobispo Desmond Tutu

En los capítulos anteriores describí qué es el Yo Perfecto, cómo funciona, y cuán importante es revelarlo. En este capítulo llenarás la herramienta del Yo Perfecto, la Herramienta de Evaluación Cualitativa Única (CU), que es un perfil de desarrollo que comenzará a revelar tu Yo Perfecto y a darte un sentimiento de tu "singularidad". Digo *comenzarás* porque entender tu Yo Perfecto es un proceso continuado y orgánico que cubre toda tu vida.

Pero antes de comenzar, repasemos brevemente lo que *no* es este perfil CU y por qué. El perfil CU no es una prueba de cociente intelectual (CI), ya que una puntuación numérica basada en respuestas a un número limitado de preguntas no es una indicación de tu potencial, sino meramente una fotografía en el tiempo, mientras que en realidad estás cambiando constantemente. El perfil CU tampoco es un test de personalidad. Tú no eres una categoría. Tú no eres parte de un grupo; eres tu propia categoría y grupo. El perfil CU tampoco es un CE (cociente emocional) popular o cuestionario de CS (cociente social), porque las emociones y las interacciones sociales son complejas, ilimitadas y variables. Son parte de un todo complejo, y como tal, no puede reducirse; solamente puede encontrar su verdadera expresión en este "todo".

CI, CE, CS, y otros perfiles de personalidad similares son derivados del enfoque materialista clásico antes mencionado, el cual es reduccionista y determinista. Estos enfoques excluyen el poder causal del libre albedrío de la humanidad y el hecho de que somos hechos a imagen ilimitada de Dios. Estos tipos de perfiles reiteran la creencia en que el estado de la materia en este punto en el tiempo es completo, un todo, y una predicción de cómo será en el futuro. Esencialmente te dicen que tu CI hoy es tu CI para siempre. Este tipo de pensamiento casi te incapacita en que puedes ir por la vida culpando a una etiqueta o categoría que te ha encerrado, y realmente no te distingue como la destacada "persona de diseño" que realmente eres, que es brillante y asume la responsabilidad de este brillo y de los errores.

El perfil CU va más allá de CI, CE, CS y los perfiles de personalidad. Se enfoca en tu "tipo yo" con todo tu hermoso e ilimitado potencial, tendencias y tu naturaleza impredecible. El filósofo griego Aristóteles lo explicó de esta manera: tenemos *potentia*, que son "tendencias objetivas" (por utilizar la descripción en física cuántica de

Heisenberg) que nos capacitan para expresarnos a nosotros mismos y son el resultado de nuestras decisiones.[1] Nadie sabe lo que vas a decidir o cuál va a ser tu "realidad" (para utilizar otro concepto aristoteliano). Estas potentia son ilimitadas e inmensurables; solamente tú y Dios las conocen, hasta que decides convertir un potencial en una decisión real que te impacta a ti y también a tu mundo. El perfil CU reconoce y honra el potencial aristoteliano que hay en ti.

Como hablamos en términos de la ciencia del Yo Perfecto, un módulo metacognitivo es un conjunto de habilidades intelectuales que forman el material bruto de pensamiento y constituyen la estructura de la mente no consciente. Son conjuntos de potenciales intelectuales o capacidades computacionales en bruto. Estos módulos influencian el proceso de pensamiento: cada módulo produce un tipo concreto de pensamiento basado en su naturaleza. Hay siete tipos y, de ahí, siete secciones en el perfil CU. El procesamiento de la información (pensar, sentir y decidir) es el resultado de cómo interactúan y se usan estos módulos. Tú tienes tu propio patrón único de procesamiento de pensamiento, el cual consta del modo en que usas el contenido de cada módulo y cómo interactúan tus módulos. Las preguntas siguientes están pensadas para ayudarte a descubrir y entender cómo *tú* utilizas estos módulos. Todos hacemos todo lo que ves en las preguntas siguientes, solo que de modo diferente.

De hecho, estos módulos son todos ellos habilidades de procesamiento esenciales que forman tu perfil CU, de modo que no cometas el error de enfocarte en uno de ellos y pensar que eres, por ejemplo, alguien que aprende de modo visual/espacial o alguien que lo hace de modo lógico/matemático. Ese es un error reduccionista que proviene de años de hacer test de CI, CE, CS y otros tipos de test de personalidad. Es imperativo entender que estos elementos de tu Yo Perfecto son las habilidades computacionales en bruto que se combinan para reflejarte a ti. *El reflejo preciso de tu "singularidad" está en la suma de las partes, ¡no en las partes solas!*

Al avanzar por este perfil CU llegarás a ser consciente del modo en que utilizas *específicamente* estas habilidades computacionales en bruto. Son preguntas exploratorias que están pensadas para ayudarte a entenderte a ti, de modo que indaga y piensa profundamente antes de responder cada una. Mientras más seriamente las respondas, más te entenderás a ti mismo.

No hay respuestas correctas. Cada respuesta es correcta, independientemente de si respondes sí o no como parte de tu respuesta. Pero no es suficiente solo con un sí o un no; debes escribir todo lo que puedas, con frases todo lo descriptivas posibles. Trata esto como el proceso de preguntar, responder y conversar mientras trabajas en las preguntas de manera deliberada, intencional y autorregulatoria.

Estás perfilando cómo procesas los pensamientos de manera única y cualitativa mediante tu Yo Perfecto; de ahí que el perfil se denomine Herramienta de Evaluación Cualitativa *Única*. Estás mirando el conocimiento "saber cómo, saber qué, saber cuándo, saber por qué" que constituye tus módulos metacognitivos, el modo en que interactúan y cómo los autorregulas. ¡Esencialmente estás obteniendo una vislumbre de tu mente no consciente! Las respuestas deben hacerte sentir satisfecho, como si hubieras *comenzado y logrado* algo necesario que simplemente provoca una buena sensación. De modo que ¡tómate tu tiempo! Sé todo lo descriptivo posible: si respondes sí, describe el "por qué, cómo, cuándo, dónde y lo que" *tú* haces. Si respondes no, describe el "por qué, cómo, cuándo, dónde y qué" de lo que *tú* haces en cambio. Si respondes apresuradamente las preguntas, no conseguirás todo el beneficio de utilizar tu Yo Perfecto para descubrir y entender tu Yo Perfecto.

Y lo más importante, ¡sé sincero! Nadie verá tus respuestas, a menos que tú quieras enseñarlas.

Las primeras preguntas del CU son más detalladas para que entres en la onda. Después, te corresponde a ti descifrar los detalles de tu singularidad, lo cual no es una receta pre empacada, como he recalcado a lo largo de este libro. Tu perfil CU es como una expedición exploratoria a un territorio no explorado y, sin embargo, vagamente familiar; estás descubriendo algo que ya está ahí, pero necesita desarrollo para prosperar.

Y lo más importante, permite que el Espíritu Santo te guíe a *"toda la verdad"* (ver Juan 16:13).

Cómo funciona el Perfil CU

Cada conjunto de preguntas comienza con una *breve descripción del módulo metacognitivo*. Eso está seguido por un *conjunto de preguntas exploratorias* para cada módulo metacognitivo que se enfocan en el qué, cómo, y cuándo/por qué (el dominio metacognitivo) del modo en que creas y almacenas conocimiento para reflejar tu perspectiva única y tu interpretación de la vida, de modo que verás estas palabras en cada pregunta. Al final de cada conjunto de preguntas hay una oportunidad para que reflexiones en tus respuestas escribiendo un *resumen* de todas tus respuestas. Este es un proceso desafiante, pero esclarecedor, y una parte muy necesaria de la revelación de tu Yo Perfecto. Te forzará a autorregularte a nivel intelectual muy elevado, y te llevará más profundo de lo que hayas ido nunca.

No hay límite de tiempo ni fecha de expiración de tu potencial, de modo que tómate todo el tiempo que quieras para llenar el perfil CU. Vuelve a hacerlo al menos una vez al año para observar el desarrollo de la eternidad en ti, de modo que te sugiero que escribas un diario regularmente para así poder trazar el crecimiento orgánico de tu Yo Perfecto con el tiempo, utilizando el perfil CU.

El perfil CU está seguido, en el capítulo siguiente, por la lista de comprobación del Yo Perfecto. Necesito recalcar que esta lista de comprobación solamente funciona cuando has seguido el libro y has hecho el perfil de la manera bosquejada en el libro, que está basada en años de investigación, aplicación clínica y experiencia, ciencia y la

Escritura. No hay atajos aquí, ¡ni tampoco soluciones instantáneas en Twitter! Solamente hay compromiso, tiempo, profundidad, y un crecimiento definido cuando te tomas *a ti mismo* en serio. ¡Y seguirás mejorando cada vez más al aceptar este reto!

● ● ●

Módulo 1:   **Módulo Metacognitivo Intrapersonal: pensar, sentir, decidir**

El primer módulo metacognitivo es el Módulo Metacognitivo Intrapersonal de pensar, sentir y decidir. El tejido cerebral en esta zona modular está diseñado para manejar información que trata de las capacidades computacionales en bruto del pensamiento profundo, la toma de decisiones, la organización, el enfoque, el análisis, y el libre albedrío; ser consciente de tu abanico de emociones, controlar y trabajar con tus pensamientos y emociones, y encontrar maneras de expresar tus pensamientos; estar motivado a identificar y perseguir metas; trabajar independientemente; ser curioso sobre el significado de la vida; manejar el aprendizaje y crecimiento personal continuado; intentar entender experiencias interiores; capacitar y alentar a otros; disfrutar de estrategias de pensamiento, escribir un diario, y relajación y estrategias de autoevaluación; entender tus limitaciones; y valorar y evaluar situaciones.

El pensamiento intrapersonal te permite situarte fuera de ti mismo y analizar tu propio pensamiento. Mientras analizas la información entrante y existente, vas a tomar decisiones sobre qué pensar, decir y hacer: ¡esto es el libre albedrío en acción!

Este módulo metacognitivo es fundamental para la introspección, el conocimiento propio, y la capacidad de entender tus propios sentimientos, pensamientos e intuiciones. Posteriormente, podrás guiar mejor tu conducta, entender tus fortalezas y debilidades, imaginar conceptos, planear actividades y resolver problemas. Este modo de pensamiento también incorpora la autodisciplina mediante el proceso de introspección y toma de decisiones.

1. ¿Cómo te encuentras a ti mismo con la introspección y el autoanálisis? Quizá te han llamado "introvertido" e incluso eres propenso a rumiar ciertos asuntos. Mira estas palabras para ayudarte a entender cómo se ve y se siente la habilidad esencial de la introspección: melancólico, meditativo, contemplativo, deliberativo, subjetivo, perdido en los pensamientos, pensativo, autoexamen, especulativo, tendencia a rumiar, taciturno, absorto, meditabundo, preocupado, abstraído, reflexivo, enterrado en el pensamiento. Ahora, por favor, describe lo más completamente posible cómo se ve todo esto en tu vida día tras día, incluyendo cuán frecuentemente piensas así. Ponte una calificación en tu descripción. Por ejemplo: "Tiendo a rumiar muchas cosas, probablemente más de la mitad de cada día o el 75 por ciento del día. Descubro que algo que he leído u oído conduce a que piense detenidamente en todo tipo de escenarios en mi mente, y estoy muy pensativo. Con frecuencia estoy perdido en los pensamientos". O quizá dirás algo como: "Solamente me pongo especulativo cuando tengo que terminar una tarea y tengo que solucionar cómo hacerlo, pero no paso mucho tiempo siendo autoanalítico, quizá solo una hora o menos al día". Mientras más descriptivo seas, mejor.

_____

_____

_____

_____

_____

_____

2. Nuestra mente (recuerda que la mente está separada del cerebro) está diseñada de tal manera que somos capaces de posicionarnos fuera de nosotros mismos y observar nuestro rango de emociones mientras manejamos los eventos y las circunstancias del día. ¿Cuán consciente eres de tus sentimientos a medida que discurre el día? ¿Tienes un sentimiento de observarte a ti mismo pasar de contento a triste, irritado, frustrado, o claramente enojado, o feliz, después exultante de emoción, y entonces aburrido y deprimido, y así sucesivamente como respuesta a los eventos y las circunstancias del día? Por favor, describe a continuación, tan completamente como puedas, cómo se ve eso en tu vida día a día, incluyendo cuántas veces piensas así. Por ejemplo: "Solo soy consciente de mis emociones cuando me pongo nervioso o me emociono por algo, de modo que solo cuando es una situación extrema, y con frecuencia solo cuando alguien lo señala". O: "Soy consciente de cómo me siento la mayor parte del tiempo y puedo controlar bastante bien mis emociones". Mientras más descriptivo seas, mejor.

_____

_____

_____

_____

_____

_____

Como seres humanos, estamos diseñados para posicionarnos fuera de nosotros mismos y observar nuestro propio pensamiento. Esto significa que eres capaz de observarte como si estuvieras viendo un programa de televisión, leyendo un libro, o manteniendo una conversación.

Si te enfocas intencionalmente en este proceso, puedes ver que tus pensamientos se formulan; puedes analizarlos de manera distante y objetiva; tienes la sensación de que estás agarrando esos pensamientos y "sosteniéndolos en tus manos" para inspeccionarlos. Piensa en esto y describe cómo lo haces, lo más detalladamente posible.

_____

_____

_____

_____

_____

_____

3. ¿Cómo controlas tus emociones? ¿Permites que estén desbocadas, o las suprimes? ¿Analizas tu estado emocional? Sé tan sincero como puedas.

_____

_____

_____

_____

_____

4. ¿Cómo controlas tus pensamientos? ¿Permites que estén desbocados, o los suprimes? ¿Analizas deliberadamente tus pensamientos a lo largo del día?

_____

_____

_____

_____

5. ¿Qué haces cuando tienes un profundo sentimiento sobre algo? ¿Lo contienes? ¿Rumias sobre ello? ¿Escribes sobre ello? ¿Hablas de eso y de cómo te hace sentir? Descríbelo lo más detalladamente posible.

_____

_____

_____

_____

_____

_____

6. ¿Estás motivado para identificar metas para ti mismo y perseguirlas? Si es así, describe el qué, cómo, cuándo y por qué. Si no, describe el qué, cómo, cuándo y por qué.

_____

_____

_____

_____

_____

7. ¿Trabajas o estudias bien por tu cuenta? Si es así, describe el qué, cómo, cuándo y por qué. Si no, describe el qué, cómo, cuándo y por qué.

_____

_____

_____

_____

_____

8. ¿Tienes curiosidad sobre el significado de la vida? ¿Y sobre las filosofías que están detrás de tus creencias y las creencias de otros? ¿Tienes curiosidad por tu mentalidad

cultural y las de otros? Si es así, describe el qué, cómo, cuándo y por qué. Si no, describe el qué, cómo, cuándo y por qué.

_____
_____
_____
_____
_____
_____

9. ¿Estás interesado en trabajar en tu crecimiento y desarrollo intelectual? Si es así, describe el qué, cómo, cuándo y por qué. Si no, describe el qué, cómo, cuándo y por qué.

_____
_____
_____
_____
_____
_____

10. ¿Intentas entender tus experiencias interiores? ¿Pasas tiempo con frecuencia pensando en tus propios pensamientos? Si es así, describe el qué, cómo, cuándo y por qué. Si no, describe el qué, cómo, cuándo y por qué.

_____
_____
_____
_____
_____
_____

11. ¿Te gusta empoderar a otros? Si es así, describe el qué, cómo, cuándo y por qué. Si no, describe el qué, cómo, cuándo y por qué.

_____

_____

_____

_____

12. ¿Te gusta alentar a otros? Si alguien parece "no sentirse bien", ¿te acercas a esa persona? Si es así, describe el qué, cómo, cuándo y por qué. Si no, describe el qué, cómo, cuándo y por qué.

_____

_____

_____

_____

13. ¿Disfrutas el tiempo en soledad? ¿Disfrutas más estar solo que las actividades sociales? Si es así, describe el qué, cómo, cuándo y por qué. Si no, describe el qué, cómo, cuándo y por qué.

_____

_____

_____

_____

14. Te gusta pasar tiempo deliberadamente pensando detenidamente en cosas? ¿Te gusta el proceso de resolver asuntos en tu mente? O para expresarlo de otro modo,

¿te gusta apagar el mundo externo y enfocarte en los pensamientos internos de tu mente? Si es así, describe el qué, cómo, cuándo y por qué. Si no, describe el qué, cómo, cuándo y por qué.

_____

_____

_____

_____

_____

15. ¿Eres capaz de expresar con detalle cómo te sientes? Si es así, describe el qué, cómo, cuándo y por qué. Si no, describe el qué, cómo, cuándo y por qué.

_____

_____

_____

_____

_____

16. ¿Crees que estás bien balanceado en términos de salud espiritual, mental y corporal? Si es así, describe el qué, cómo, cuándo y por qué. Si no, describe el qué, cómo, cuándo y por qué.

_____

_____

_____

_____

_____

_____

17. ¿Te gusta trabajar independientemente? Si es así, describe el qué, cómo, cuándo y por qué. Si no, describe el qué, cómo, cuándo y por qué.

_____

_____

_____

_____

_____

18. ¿Eres organizado? ¿Te gusta ordenar tu trabajo según un sistema en particular? Si es así, describe el qué, cómo, cuándo y por qué. Si no, describe el qué, cómo, cuándo y por qué.

_____

_____

_____

_____

_____

19. ¿Disfrutas tu propia compañía? Si es así, describe el qué, cómo, cuándo y por qué. Si no, describe el qué, cómo, cuándo y por qué.

_____

_____

_____

_____

_____

20. ¿Te encuentras frecuentemente contemplando el significado de la vida y los asuntos más profundos de la vida?

Si es así, describe el qué, cómo, cuándo y por qué. Si no, describe el qué, cómo, cuándo y por qué.

_____

_____

_____

_____

_____

_____

21. ¿Te gusta filosofar? ¿Cómo lo haces? Si es así, describe el qué, cómo, cuándo y por qué. Si no, describe el qué, cómo, cuándo y por qué. ¿Estás seguro?

_____

_____

_____

_____

22. ¿Te encuentras frecuentemente contemplando el propósito de la vida? ¿El propósito de tu vida? ¿Sientes esperanza o desesperanza la mayor parte del tiempo? Si es así, describe el qué, cómo, cuándo y por qué. Si no, describe el qué, cómo, cuándo y por qué.

_____

_____

_____

_____

_____

23. ¿Es muy importante para ti pensar en tus experiencias interiores y entenderlas? ¿Te molesta si no lo logras? Si

es así, describe el qué, cómo, cuándo y por qué. Si no,
describe el qué, cómo, cuándo y por qué.

_____

_____

_____

_____

_____

24. ¿Te encuentras frecuentemente pensando en la naturaleza de la humanidad, de distintas personas y culturas, y
en los derechos de los seres humanos? Si es así, describe
el qué, cómo, cuándo y por qué. Si no, describe el qué,
cómo, cuándo y por qué. ¿Qué es lo que te apasiona?

_____

_____

_____

_____

25. ¿Estás decidido a marcar una diferencia en la vida? ¿Qué
tipo de diferencia? Si es así, describe el qué, cómo, cuándo y por qué. Si no, describe el qué, cómo, cuándo y por
qué. Una vez más, ¿estás seguro? Profundiza para responder esta pregunta.

_____

_____

_____

_____

26. ¿Ofreces consejos solo si te los piden? Si es así, describe el qué, cómo, cuándo y por qué. Si no, describe el

qué, cómo, cuándo y por qué. ¿Cuándo ofreces consejos generalmente?

_____

_____

_____

_____

27. ¿Te resulta muy fácil escuchar el problema de otra persona y aconsejarla? Si es así, describe el qué, cómo, cuándo y por qué. Si no, describe el qué, cómo, cuándo y por qué.

_____

_____

_____

_____

28. ¿Sientes que es inapropiado discutir tus opiniones con otras personas? Si es así, describe el qué, cómo, cuándo y por qué. Si no, describe el qué, cómo, cuándo y por qué.

_____

_____

_____

_____

_____

29. ¿Intentas obtener perspectiva de los actuales problemas sociales, culturales, políticos y económicos? ¿Te mantienes al día de los asuntos de actualidad? ¿Te interesan? ¿Cuánto tiempo pasas haciendo esto? Si es así, describe

el qué, cómo, cuándo y por qué. Si no, describe el qué, cómo, cuándo y por qué.

_____

_____

_____

_____

_____

_____

30. ¿Te gusta recibir retroalimentación sobre tus esfuerzos? Si es así, describe el qué, cómo, cuándo y por qué. Si no, describe el qué, cómo, cuándo y por qué.

_____

_____

_____

_____

31. ¿Tienes con frecuencia opiniones que te alejan de modos de pensamiento más populares? Si es así, describe el qué, cómo, cuándo y por qué. Si no, describe el qué, cómo, cuándo y por qué.

_____

_____

_____

_____

32. ¿Prefieres el aprendizaje autodirigido, como el aprendizaje a distancia? Si es así, describe el tipo de ambiente de aprendizaje que prefieres: el qué, cómo, cuándo y

por qué. Si no, describe el qué, cómo, cuándo y por qué.
¿Qué prefieres?

_____

_____

_____

_____

_____

_____

33. ¿Consideras que tienes una buena autoestima? ¿Te valoras a ti mismo? ¿Qué significa eso realmente para ti? Si
es así, describe el qué, cómo, cuándo y por qué de cómo
te valoras a ti mismo. Si no, describe el qué, cómo, cuándo y por qué. ¿Qué necesita cambiar?

_____

_____

_____

_____

_____

_____

Ahora, toma todas tus respuestas y en el espacio siguiente escribe
un resumen de cómo pareces estar usando el Módulo Intrapersonal.
Podrías descubrir que en este proceso quieres cambiar o añadir a
tus propias respuestas; adelante, este es un proceso autorregulatorio
normal y bueno. Cuando hayas hecho el resumen, repásalo para ver
si estás de acuerdo con lo que has escrito y si puedes añadir más.
Edita el resumen, haciéndote las siguientes preguntas: *¿Este soy yo?*
¿De veras pienso de este modo? ¿Es esta una afirmación para agradar a
las personas, o estoy siendo fiel a mí mismo? No seas demasiado duro
contigo mismo. Añade algunas líneas más sobre cómo puedes usar el
Módulo Intrapersonal para mejorar cómo te comunicas y conectas

con las personas, y para mejorar cómo operas en general. Después de todo, tú eres tú; pero mejoras en ser tú todo el tiempo.

_____

_____

_____

_____

_____

_____

_____

_____

_____

_____

Módulo 2:   Módulo Metacognitivo Interpersonal: pensar, sentir, decidir

El siguiente módulo es el módulo de pensamiento interpersonal. Este parece estar directamente después del Módulo Metacognitivo Intrapersonal en términos de nuestra comprensión actual de la organización cerebral. El Módulo Metacognitivo Interpersonal incorpora las capacidades computacionales de comunicación; conversación, interacción social, escuchar y compartir; construir relaciones; y dar y recibir amor, crear vínculos e influenciar. El pensamiento interpersonal nos da la capacidad de entender a las personas y trabajar con ellas, y sensibilidad y empatía hacia otros, particularmente hacia sus estados de ánimo, deseos, motivaciones, sentimientos y experiencias. Nos permite responder apropiadamente a otros leyendo sus estados de ánimo y poniéndonos en su lugar, o nos advierte cuando las personas no son fiables mediante incoherencias en sus palabras o acciones. También se refiere a buenas habilidades de gestión y mediación, y la capacidad de motivar, liderar, guiar, y aconsejar a otros.

1. ¿Eres particularmente sensible a las necesidades de otros? ¿Puedes "leer" a otras personas? ¿Te gusta hacerlo? Si es así, describe el qué, cómo, cuándo y por qué detalladamente. Si no, describe el qué, cómo, cuándo y por qué.

   _____

   _____

   _____

   _____

   _____

2. ¿Te encuentras observando a las personas y sus reacciones? ¿Te interesa eso? Si es así, describe el qué, cómo, cuándo y por qué. Si no, describe el qué, cómo, cuándo y por qué. ¿Qué capta tu interés sobre las personas?

   _____

   _____

   _____

   _____

3. ¿Te consideras a ti mismo una persona empática? ¿Te resulta fácil sintonizar con otros? Si es así, describe el qué, cómo, cuándo y por qué. Si no, ¿cómo describirías tu versión de empatía? Describe el qué, cómo, cuándo y por qué.

   _____

   _____

   _____

   _____

4. ¿Te resulta fácil ponerte en el lugar de otra persona; es decir, sentir y experimentar lo que otra persona está experimentando? ¿Te sale de modo natural? ¿O puedes hacerlo, pero te supone un esfuerzo? Si es así, describe el qué, cómo, cuándo y por qué. Si no, describe el qué, cómo, cuándo y por qué.

    _____

    _____

    _____

    _____

    _____

    _____

5. ¿Sientes que respondes apropiadamente a otros? Si es así, describe el qué, cómo, cuándo y por qué. Si no, describe el qué, cómo, cuándo y por qué. ¿Sientes que esto es un problema? ¿O te sientes cómodo con ello?

    _____

    _____

    _____

    _____

6. ¿Te resulta fácil alentar y motivar a otras personas? Si es así, describe el qué, cómo, cuándo y por qué. Si no, describe el qué, cómo, cuándo y por qué.

    _____

    _____

    _____

    _____

7. ¿Te encuentras a ti mismo con frecuencia en una situación en la que estás asesorando y dando consejos a otras personas? ¿Observas que las personas se abren contigo fácilmente? Si es así, describe el qué, cómo, cuándo y por qué. Si no, describe el qué, cómo, cuándo y por qué.

_____

_____

_____

_____

_____

_____

8. ¿Eres bueno haciendo redes de contactos o *networking* (profesionalmente o socialmente)? Si es así, describe el qué, cómo, cuándo y por qué. Si no, describe el qué, cómo, cuándo y por qué.

_____

_____

_____

_____

9. ¿Te gusta tener personas cerca todo el tiempo? ¿O la mayor parte del tiempo? Si es así, describe el qué, cómo, cuándo y por qué. Si no, describe el qué, cómo, cuándo y por qué.

_____

_____

_____

_____

10. ¿Necesitas hacer muchas preguntas cuando aprendes nueva información? Si es así, describe el qué, cómo, cuándo y por qué. Si no, describe el qué, cómo, cuándo y por qué.

---

11. En su mayor parte, ¿recuerdas lo que dicen las personas? Si es así, describe el qué, cómo, cuándo y por qué. Si no, describe el qué, cómo, cuándo y por qué.

---

12. ¿Citas con frecuencia a otras personas? Si es así, describe el qué, cómo, cuándo y por qué. Si no, describe el qué, cómo, cuándo y por qué.

---

13. ¿Negocias con otras personas en entornos de negocios o en entornos sociales? Si es así, describe el qué, cómo, cuándo y por qué. Si no, describe el qué, cómo, cuándo y por qué.

_____

_____

_____

_____

_____

_____

14. ¿Te encuentras con frecuencia en situaciones en las que tú eres el pacificador? Si es así, describe el qué, cómo, cuándo y por qué. Si no, describe el qué, cómo, cuándo y por qué.

_____

_____

_____

_____

15. ¿Puedes enseñar y explicar cosas a otras personas de manera que haces que la información sea fácil de entender? Si es así, describe el qué, cómo, cuándo y por qué. Si no, describe el qué, cómo, cuándo y por qué.

_____

_____

_____

_____

16. ¿Notas si las personas entienden y reciben la nueva información de la que estás hablando? ¿Puedes autorregularte para ayudar a las personas a entenderte? Si es así, describe el qué, cómo, cuándo y por qué. Si no, describe el qué, cómo, cuándo y por qué.

_____

_____

_____

_____

_____

17. ¿Revisas lo que estás enseñando y diciendo para que otros te entiendan? ¿Haces eso específicamente si te das cuenta de que no te están entendiendo? ¿O sigues hablando, ajeno a cuáles son sus reacciones? Si es así, describe el qué, cómo, cuándo y por qué. Si no, describe el qué, cómo, cuándo y por qué.

_____

_____

_____

_____

_____

18. Por lo general, ¿eres paciente con las personas? Si es así, describe el qué, cómo, cuándo y por qué. Si no, describe el qué, cómo, cuándo y por qué.

_____

_____

_____

_____

_____

19. ¿Te gusta obtener ideas de otras personas? Si es así, describe el qué, cómo, cuándo y por qué. Si no, describe el qué, cómo, cuándo y por qué.

_____

_____

_____

_____

_____

_____

20. ¿Encuentras que necesitas hablar en voz alta a otras personas mientras estás resolviendo algo en tu mente? Si es así, describe el qué, cómo, cuándo y por qué. Si no, describe el qué, cómo, cuándo y por qué.

_____

_____

_____

_____

_____

_____

21. ¿Entablas amistades fácilmente? Si es así, describe el qué, cómo, cuándo y por qué. Si no, describe el qué, cómo, cuándo y por qué.

_____

_____

_____

_____

_____

_____

22. ¿Mantienes buenas amistades por muchos años? Si es así, describe el qué, cómo, cuándo y por qué. Si no, describe el qué, cómo, cuándo y por qué.

_____

_____

_____

_____

_____

_____

23. ¿Reconoces que hay muchas maneras diferentes de comunicarte con otras personas? Si es así, describe el qué, cómo, cuándo y por qué. Si no, describe el qué, cómo, cuándo y por qué.

_____

_____

_____

_____

_____

24. ¿Haces uso de esas maneras diferentes de comunicación? Si es así, describe el qué, cómo, cuándo y por qué. Si no, describe el qué, cómo, cuándo y por qué.

_____

_____

_____

_____

_____

25. ¿Te resulta fácil sintonizar con las necesidades de otros y suplirlas, dando consejos o cualquier otra cosa que necesiten? Si es así, describe el qué, cómo, cuándo y por qué. Si no, describe el qué, cómo, cuándo y por qué.

_____

_____

_____

_____

_____

_____

26. ¿Eres capaz de percibir los pensamientos y sentimientos de otros? Si es así, describe el qué, cómo, cuándo y por qué. Si no, describe el qué, cómo, cuándo y por qué.

_____

_____

_____

_____

_____

_____

27. ¿Te resulta fácil aconsejar y guiar a las personas? Si es así, describe el qué, cómo, cuándo y por qué. Si no, describe el qué, cómo, cuándo y por qué.

_____

_____

_____

_____

_____

_____

28. ¿Tienden las personas a acudir a ti en busca de consejo y dirección? Si es así, describe el qué, cómo, cuándo y por qué. Si no, describe el qué, cómo, cuándo y por qué.

_____

_____

_____

_____

_____

_____

29. ¿Te gusta influir en las opiniones y/o acciones de otros? Si es así, describe el qué, cómo, cuándo y por qué. Si no, describe el qué, cómo, cuándo y por qué.

_____

_____

_____

_____

_____

_____

30. ¿Te gusta participar en esfuerzos colaborativos, como proyectos en grupo? Si es así, describe el qué, cómo, cuándo y por qué. Si no, describe el qué, cómo, cuándo y por qué.

_____

_____

_____

_____

_____

_____

31. ¿Eres capaz de ocupar varios roles en un grupo, desde el de seguidor hasta el de líder? Si es así, describe el qué, cómo, cuándo y por qué. Si no, describe el qué, cómo, cuándo y por qué.

_____

_____

_____

_____

_____

_____

32. ¿Prefieres liderar en lugar de seguir en un grupo? Si es así, describe el qué, cómo, cuándo y por qué. Si no, describe el qué, cómo, cuándo y por qué.

_____

_____

_____

_____

_____

33. ¿Eres rápido para entender la comunicación verbal y no verbal de un grupo o de una persona? Si es así, describe el qué, cómo, cuándo y por qué. Si no, describe el qué, cómo, cuándo y por qué.

_____

_____

_____

_____

_____

34. ¿Tiendes a llevarte bien con tus padres, hermanos, familia extensa y amigos? Si es así, describe el qué, cómo,
cuándo y por qué. Si no, describe el qué, cómo, cuándo
y por qué.

_____

_____

_____

_____

_____

35. ¿Te comunicas eficazmente, a nivel no verbal y también
verbal? Si es así, describe el qué, cómo, cuándo y por qué.
Si no, describe el qué, cómo, cuándo y por qué.

_____

_____

_____

_____

_____

36. ¿Puedes adaptar fácilmente tu conducta y conversación a
diferentes grupos y ambientes? Si es así, describe el qué,
cómo, cuándo y por qué. Si no, describe el qué, cómo,
cuándo y por qué.

_____

_____

_____

_____

_____

37. ¿Puedes adaptar fácilmente tus opiniones, comunicación o conducta basándote en la retroalimentación de otras personas? Si es así, describe el qué, cómo, cuándo y por qué. Si no, describe el qué, cómo, cuándo y por qué.

_____

_____

_____

_____

_____

_____

38. ¿Eres bueno en la mediación? Si es así, describe el qué, cómo, cuándo y por qué. Si no, describe el qué, cómo, cuándo y por qué.

_____

_____

_____

_____

_____

_____

39. ¿Te gusta ser mentor y/o coach de personas? Si es así, describe el qué, cómo, cuándo y por qué. Si no, describe el qué, cómo, cuándo y por qué.

_____

_____

_____

_____

_____

_____

40. ¿Eres bueno en organizar a otros en un grupo, como organizar y terminar un proyecto de grupo? Si es así, describe el qué, cómo, cuándo y por qué. Si no, describe el qué, cómo, cuándo y por qué.

_____

_____

_____

_____

_____

_____

41. ¿Te resulta fácil trabajar con personas de diversos grupos de edad y trasfondos? Si es así, describe el qué, cómo, cuándo y por qué. Si no, describe el qué, cómo, cuándo y por qué.

_____

_____

_____

_____

_____

_____

42. ¿Eres un buen líder y visionario? Si es así, describe el qué, cómo, cuándo y por qué. Si no, describe el qué, cómo, cuándo y por qué.

_____

_____

_____

_____

_____

_____

43. ¿Eres bueno en manejar a personas, específicamente en términos de planificación de la acción y lograr que las cosas se hagan? Si es así, describe el qué, cómo, cuándo y por qué. Si no, describe el qué, cómo, cuándo y por qué.

_____

_____

_____

_____

_____

44. ¿Eres bueno en argumentar un punto? Si es así, describe el qué, cómo, cuándo y por qué. Si no, describe el qué, cómo, cuándo y por qué.

_____

_____

_____

_____

_____

45. ¿Te desarrollas bien con la atención? Si es así, describe el qué, cómo, cuándo y por qué. Si no, describe el qué, cómo, cuándo y por qué.

_____

_____

_____

_____

_____

46. ¿Te gusta que te necesiten? Si es así, describe el qué, cómo, cuándo y por qué. Si no, describe el qué, cómo, cuándo y por qué.

_____

_____

_____

_____

_____

_____

47. ¿Eres bueno en el manejo de conflictos? Si es así, describe el qué, cómo, cuándo y por qué. Si no, describe el qué, cómo, cuándo y por qué.

_____

_____

_____

_____

_____

_____

48. ¿Eres bueno para encontrar soluciones? Si es así, describe el qué, cómo, cuándo y por qué. Si no, describe el qué, cómo, cuándo y por qué.

_____

_____

_____

_____

_____

_____

49. ¿Te gusta discutir muchas perspectivas sobre una variedad de temas? Si es así, describe el qué, cómo, cuándo y por qué. Si no, describe el qué, cómo, cuándo y por qué.

_____

_____

_____

_____

_____

_____

50. ¿Disfrutas escuchar muchas perspectivas sobre temas específicos? Si es así, describe el qué, cómo, cuándo y por qué. Si no, describe el qué, cómo, cuándo y por qué.

_____

_____

_____

_____

_____

Ahora, toma todas tus respuestas y en el espacio siguiente escribe un resumen de cómo pareces estar usando el Módulo Interpersonal. Podrías descubrir que en este proceso quieres cambiar o añadir a tus propias respuestas. Adelante, este es un proceso autorregulatorio normal. Cuando hayas hecho el resumen, repásalo para ver si estás de acuerdo con lo que has escrito y si puedes añadir más. Edita el resumen, haciéndote las siguientes preguntas: *¿Soy yo así? ¿De veras pienso de este modo? ¿Es esta una afirmación para agradar a las personas, o estoy siendo fiel a mí mismo?* No seas demasiado duro contigo mismo. Añade algunas líneas más sobre cómo puedes usar el Módulo Interpersonal para mejorar cómo te comunicas y conectas con las personas, y para mejorar cómo operas en general. Después de todo, tú eres tú; pero mejoras en ser tú todo el tiempo.

_____

_____

_____

_____

_____

_____

_____

_____

_____

_____

_____

Módulo 3:   Módulo Metacognitivo Lingüístico: pensar, sentir, decidir

El Módulo Metacognitivo Lingüístico trata sobre las capacidades computacionales en bruto del lenguaje: lenguaje escrito, expresado y comprendido. Este módulo parece estar en medio del cerebro. También trata de la sensibilidad a los significados de palabras, sonidos, ritmos, y distintos usos del lenguaje. Esta sensibilidad se expresa de maneras diferentes, como ser elocuente o tener la habilidad de pensar en palabras y usar las palabras eficazmente cuando hablas y/o escribes, lo cual implica argumentar, persuadir, amor a la lectura, y libros. Por lo tanto, el modo de pensamiento lingüístico responde a palabras: habladas, escritas, expresadas o leídas.

Los dominios que constituyen el lenguaje, su estructura y sus usos, incluyen:

Semántica: los significados o connotaciones de las palabras.

Fonología: los sonidos de las palabras y sus interacciones unos con otros.

Sintaxis: las normas que gobiernan el orden en el cual se usan las palabras para crear frases comprensibles. Un ejemplo es que una frase siempre debe tener un verbo.

Pragmática: cómo puede usarse el lenguaje para comunicar eficazmente.

Todos ellos están presentes en el Módulo Metacognitivo Lingüístico.

1.   ¿Amas las palabras y sus significados? Si es así, describe el qué, cómo, cuándo y por qué. Si no, describe el qué, cómo, cuándo y por qué.

_____

_____

_____

_____

_____

_____

2.   ¿Te encuentras con frecuencia buscando información en línea o en un libro? Si es así, describe el qué, cómo, cuándo y por qué. Si no, describe el qué, cómo, cuándo y por qué.

_____

_____

_____

_____

_____

_____

3.   ¿Prefieres enviar un mensaje electrónico o de texto más que hablar por teléfono? Si es así, describe el qué, cómo,

cuándo y por qué. Si no, describe el qué, cómo, cuándo y por qué.

_____
_____
_____
_____
_____
_____

4. ¿Sabes cómo utilizar una variedad de lenguaje para comunicarte eficazmente? Es decir, ¿eres elocuente? Si es así, describe el qué, cómo, cuándo y por qué. Si no, describe el qué, cómo, cuándo y por qué.

_____
_____
_____
_____
_____

5. ¿Encuentras con frecuencia que necesitas expresarte mediante el habla? Si es así, describe el qué, cómo, cuándo y por qué. Si no, describe el qué, cómo, cuándo y por qué.

_____
_____
_____
_____
_____
_____

6. ¿Encuentras con frecuencia que necesitas expresarte mediante la escritura? Si es así, describe el qué, cómo,

cuándo y por qué. Si no, describe el qué, cómo, cuándo y por qué.

_____

_____

_____

_____

_____

7. ¿Encuentras con frecuencia que necesitas expresarte mediante ambos el habla y la escritura? Si es así, describe el qué, cómo, cuándo y por qué. Si no, describe el qué, cómo, cuándo y por qué.

_____

_____

_____

_____

_____

8. ¿Te gusta debatir? Si es así, describe el qué, cómo, cuándo y por qué. Si no, describe el qué, cómo, cuándo y por qué.

_____

_____

_____

_____

_____

9. ¿Te gusta persuadir a las personas; es decir, cambiar sus opiniones? Si es así, describe el qué, cómo, cuándo y por qué. Si no, describe el qué, cómo, cuándo y por qué.

_____

_____

_____

_____

10. ¿Te gusta instruir a las personas? Si es así, describe el qué, cómo, cuándo y por qué. Si no, describe el qué, cómo, cuándo y por qué.

_____

_____

_____

_____

11. ¿Te gusta entretener a las personas con palabras, como con juegos de palabras y bromas? Si es así, describe el qué, cómo, cuándo y por qué. Si no, describe el qué, cómo, cuándo y por qué.

_____

_____

_____

_____

12. ¿Te gusta leer? Si es así, describe el qué, cómo, cuándo y por qué. Si no, describe el qué, cómo, cuándo y por qué.

_____

_____

_____

13. ¿Lees mucho? Si es así, describe el qué, cómo, cuándo y por qué. Si no, describe el qué, cómo, cuándo y por qué.

_____
_____
_____
_____

14. ¿Lees muchos tipos diferentes de literatura? ¿Qué tipos? Si es así, describe el qué, cómo, cuándo y por qué. Si no, describe el qué, cómo, cuándo y por qué.

_____
_____
_____
_____

15. ¿Te gusta escribir? Si es así, describe el qué, cómo, cuándo y por qué. Si no, describe el qué, cómo, cuándo y por qué.

_____
_____
_____
_____
_____

16. ¿Te gusta contar historias? Si es así, describe el qué, cómo, cuándo y por qué. Si no, describe el qué, cómo, cuándo y por qué.

_____
_____
_____
_____
_____

17. ¿Te gusta escribir historias? Si es así, describe el qué, cómo, cuándo y por qué. Si no, describe el qué, cómo, cuándo y por qué.

_____

_____

_____

_____

_____

_____

18. ¿Tienes un buen conocimiento general? Si es así, describe el qué, cómo, cuándo y por qué. Si no, describe el qué, cómo, cuándo y por qué.

_____

_____

_____

_____

_____

_____

19. ¿Haces muchas preguntas? ¿Por qué? Si es así, describe el qué, cómo, cuándo y por qué. Si no, describe el qué, cómo, cuándo y por qué.

_____

_____

_____

_____

_____

_____

20. ¿Haces y respondes tus propias preguntas? Si es así, describe el qué, cómo, cuándo y por qué. Si no, describe el qué, cómo, cuándo y por qué.

_____

_____

_____

_____

_____

_____

21. ¿Te gusta utilizar historias para ayudarte a explicar algo? Si es así, describe el qué, cómo, cuándo y por qué. Si no, describe el qué, cómo, cuándo y por qué.

_____

_____

_____

_____

_____

22. ¿Te gusta debatir durante las conversaciones? Es decir, ¿te encuentras con frecuencia comenzando un debate durante una conversación? Si es así, describe el qué, cómo, cuándo y por qué. Si no, describe el qué, cómo, cuándo y por qué.

_____

_____

_____

_____

_____

23. ¿Te gusta escribir poemas, historias, leyendas, ensayos, y/o artículos? ¿Hay tipos específicos de escritura que

disfrutas particularmente? Si es así, describe el qué, cómo, cuándo y por qué. Si no, describe el qué, cómo, cuándo y por qué.

_____

_____

_____

_____

_____

_____

24. ¿Te gustaría escribir una obra de teatro o un poema? Si es así, describe el qué, cómo, cuándo y por qué. Si no, describe el qué, cómo, cuándo y por qué.

_____

_____

_____

_____

_____

_____

25. ¿Te gusta describir eventos en detalle? Si es así, describe el qué, cómo, cuándo y porqué. Si no, describe el qué, cómo, cuándo y por qué.

_____

_____

_____

_____

_____

_____

26. ¿Te gusta hacer presentaciones? Si es así, describe el qué, cómo, cuándo y por qué. Si no, describe el qué, cómo, cuándo y por qué.

_____

_____

_____

_____

_____

_____

27. ¿Te gusta dirigir o guiar las conversaciones? Si es así, describe el qué, cómo, cuándo y por qué. Si no, describe el qué, cómo, cuándo y por qué.

_____

_____

_____

_____

_____

28. ¿Te gusta escribir y/o teclear entradas en un diario? ¿O guardar notas sobre cosas que te interesan o que estás pensando? Si es así, describe el qué, cómo, cuándo y por qué. Si no, describe el qué, cómo, cuándo y por qué.

_____

_____

_____

_____

_____

_____

29. ¿Te gustaría crear un programa de entrevistas para la radio, un podcast, o en televisión? Si es así, describe el qué, cómo, cuándo y por qué. Si no, describe el qué, cómo, cuándo y por qué.

---

30. ¿Disfrutas escribir boletines y/o blogs? Si es así, describe el qué, cómo, cuándo y por qué. Si no, describe el qué, cómo, cuándo y por qué.

---

31. ¿Te encanta utilizar herramientas como enciclopedias, concordancias y diccionarios de sinónimos para ampliar tu conocimiento lingüístico? Si es así, describe el qué, cómo, cuándo y por qué. Si no, describe el qué, cómo, cuándo y por qué.

---

32. ¿Te gusta inventar eslóganes o dichos? ¿Juegas con las palabras y los refranes? Si es así, describe el qué, cómo, cuándo y por qué. Si no, describe el qué, cómo, cuándo y por qué.

_____

_____

_____

_____

_____

_____

33. ¿Te gusta o te gustaría hacer una entrevista? Si es así, describe el qué, cómo, cuándo y por qué. Si no, describe el qué, cómo, cuándo y por qué.

_____

_____

_____

_____

_____

34. ¿Usas mucho el correo electrónico y el texto? ¿O escribes cartas? ¿Es tu forma preferida de comunicación? Si es así, describe el qué, cómo, cuándo y por qué. Si no, describe el qué, cómo, cuándo y por qué.

_____

_____

_____

_____

_____

_____

35. ¿Te gusta, o te gustaría, escribir una novela o una historia larga? Si es así, describe el qué, cómo, cuándo y por qué. Si no, describe el qué, cómo, cuándo y por qué.

_____

_____

_____

_____

_____

_____

36. ¿Tienes siempre algo que decir y disfrutas charlar? Si es así, describe el qué, cómo, cuándo y por qué. Si no, describe el qué, cómo, cuándo y por qué.

_____

_____

_____

_____

_____

_____

37. ¿Son muy importantes para ti los libros y el material de lectura? Si es así, describe el qué, cómo, cuándo y por qué. Si no, describe el qué, cómo, cuándo y por qué.

_____

_____

_____

_____

38. ¿Oyes palabras en tu cabeza antes de hablar, leer o escribir? Si es así, describe el qué, cómo, cuándo y por qué.

Si no, describe lo que ocurre, si es que ocurre algo, antes de hablar, leer o escribir. ¿Qué, cómo, cuándo y por qué?

_____

_____

_____

_____

39. ¿Oyes palabras en tu cabeza mientras escuchas a alguien o cuando estás observando algo? Por ejemplo, si piensas en un gato, ¿imaginas un gato real, o ves la palabra *gato*? Si es así, describe el qué, cómo, cuándo y por qué. Si no, describe lo que sucede cuando escuchas a alguien. Describe el qué, cómo, cuándo y por qué.

_____

_____

_____

_____

_____

40. ¿Prefieres escuchar la radio, un audiolibro, o algo similar, en lugar de ver televisión? Si es así, describe el qué, cómo, cuándo y por qué. Si no, describe el qué, cómo, cuándo y por qué.

_____

_____

_____

_____

41. ¿Te gustan los juegos como Scrabble y Trivial Pursuit?
Si es así, describe el qué, cómo, cuándo y por qué. Si no,
describe el qué, cómo, cuándo y por qué.

_____

_____

_____

_____

42. ¿Te gusta entretenerte a ti mismo y a otros con trabalen-
guas, juegos de palabras y rimas sin sentido? Si es así,
describe el qué, cómo, cuándo y por qué. Si no, describe
el qué, cómo, cuándo y por qué.

_____

_____

_____

_____

43. ¿Te gusta utilizar vocabulario complejo y estructuras de
oraciones largas? Si es así, describe el qué, cómo, cuándo
y por qué. Si no, describe el qué, cómo, cuándo y por qué.

_____

_____

_____

_____

44. Cuando estás en un vehículo, ¿prestas más atención a
señales, carteles y cualquier cosa escrita que al paisaje?
¿O a ambas cosas? Si prestas más atención a las cosas

escritas, describe el qué, cómo, cuándo y por qué. Si no, describe el qué, cómo, cuándo y por qué.

_____

_____

_____

_____

_____

_____

45. ¿Prefieres temas como historia, literatura, estudios integrados e idiomas más que matemáticas, ciencia, y otros estudios técnicos? Si es así, describe el qué, cómo, cuándo y por qué. Si no, describe el qué, cómo, cuándo y por qué.

_____

_____

_____

_____

_____

46. En una conversación, ¿te refieres mucho a lo que has leído u oído? Si es así, describe el qué, cómo, cuándo y por qué. Si no, describe el qué, cómo, cuándo y por qué.

_____

_____

_____

_____

_____

47. ¿Hablas bien? Es decir, ¿te resulta fácil hablar de temas o problemas con claridad e inteligencia? Si es así, describe

el qué, cómo, cuándo y por qué. Si no, describe el qué,
cómo, cuándo y por qué.

_____

_____

_____

_____

_____

_____

48. ¿Haces muchas preguntas mientras aprendes nueva información en cualquier entorno: salón de clase, iglesia, y
otros? Si es así, describe el qué, cómo, cuándo y por qué.
Si no, describe el qué, cómo, cuándo y por qué.

_____

_____

_____

_____

49. ¿Te gusta aprender sobre gramática? Si es así, describe
el qué, cómo, cuándo y por qué. Si no, describe el qué,
cómo, cuándo y por qué.

_____

_____

_____

_____

_____

50. ¿Te gusta aprender y utilizar nuevo vocabulario? Si es así, describe el qué, cómo, cuándo y por qué. Si no, describe el qué, cómo, cuándo y por qué.

_____

_____

_____

_____

_____

Ahora, toma todas tus respuestas y en el espacio siguiente escribe un resumen de cómo pareces estar usando el Módulo Lingüístico. Podrías descubrir que en este proceso quieres cambiar o añadir a tus propias respuestas. Adelante, este es un proceso autorregulatorio normal. Cuando hayas hecho el resumen, repásalo para ver si estás de acuerdo con lo que has escrito y si puedes añadir más. Edita el resumen, haciéndote las siguientes preguntas: *¿Soy yo así? ¿De veras pienso de este modo? ¿Es esta una afirmación para agradar a las personas, o estoy siendo fiel a mí mismo?* No seas demasiado duro contigo mismo. Añade algunas líneas más sobre cómo puedes usar el Módulo Lingüístico para mejorar cómo te comunicas y conectas con las personas, y para mejorar cómo operas en general. Después de todo, tú eres tú; pero mejoras en ser tú todo el tiempo.

_____

_____

_____

_____

_____

_____

_____

Módulo 4:   Módulo Metacognitivo Lógico/Matemático: pensar, sentir, decidir

El siguiente es el Módulo Metacognitivo Lógico/Matemático, que trata del razonamiento científico, la lógica y el análisis. Este tipo de pensamiento implica las capacidades computacionales en bruto de entender los principios subyacentes de un sistema conector; reconocer patrones lógicos y numéricos; manejar largas cadenas de razonamiento de modo preciso; manipular palabras, cifras, cantidades y operaciones; ver el significado en las cosas; cálculo; cuantificación; razonar las cosas; imaginar; teorizar; meditar en paradojas e incoherencias; y reconocer y resolver problemas.

Este modo de pensamiento también incluye, pero no está exclusivamente limitado a la capacidad de trazar estrategias, calcular mentalmente, y procesar la lógica de la vida y/o problemas y ecuaciones lógicas, como los tipos de problemas que se encuentran más frecuentemente en exámenes de elección múltiple y otros exámenes estandarizados.

1.   Dios creó todo y la ciencia es una descripción de ese todo. La ciencia es cómo entendemos el modo en que operamos como seres humanos y cómo opera toda la creación de Dios. Basándonos en esta conceptualización, ¿hay ciertas áreas de la ciencia que te interesan? Por ejemplo: las ciencias de la tierra, neurociencia, ciencia médica, ciencia de ingeniería, la ciencia de las artes, ciencias de la computación, ciencia tecnológica, geología, música, enseñanza, artes liberales, filosofía, y otras. Si es así, describe el qué, cómo, cuándo y por qué. Si no, describe el qué, cómo, cuándo y por qué.

_____

_____

_____

2. ¿Te interesa cómo operan el universo, la consciencia, y la vida? Si es así, describe el qué, cómo, cuándo y por qué. Si no, describe el qué, cómo, cuándo y por qué.

   _____

   _____

   _____

   _____

   _____

3. ¿Te gusta entender los principios subyacentes de cómo funcionan la cosas? Podría ser cualquier cosa, desde biología, insectos, máquinas o cocina: cualquier cosa. Si es así, describe el qué, cómo, cuándo y por qué. Si no, describe el qué, cómo, cuándo y por qué.

   _____

   _____

   _____

   _____

   _____

4. ¿Te gusta que las cosas sean lógicas? ¿Te gusta ver patrones lógicos en el mundo que te rodea? Si es así, describe el qué, cómo, cuándo y por qué. Si no, describe el qué, cómo, cuándo y por qué.

   _____

   _____

   _____

   _____

   _____

5. ¿Te gusta hacer preguntas relacionadas específicamente con la naturaleza "cómo" de la realidad? Si es así, describe

el qué, cómo, cuándo y por qué. Si no, describe el qué, cómo, cuándo y por qué.

_____

_____

_____

_____

_____

_____

6. ¿Ves orden y significado en la vida diaria, incluidos los objetos cotidianos? Si es así, describe el qué, cómo, cuándo y por qué. Si no, describe el qué, cómo, cuándo y por qué.

_____

_____

_____

_____

_____

7. ¿Tienen que tener sentido las cosas para ti? ¿Sientes angustia cuando no puedes entender algo lógicamente? Si es así, describe el qué, cómo, cuándo y por qué. Si no, describe el qué, cómo, cuándo y por qué.

_____

_____

_____

_____

_____

_____

8. ¿Ves patrones numéricos mientras discurre tu vida diaria? Si es así, describe el qué, cómo, cuándo y por qué. Si no, describe el qué, cómo, cuándo y por qué.

_____

_____

_____

_____

9. ¿Necesitas cadenas largas de razonamiento para dar sentido a las cosas? Esto puede ser casi cualquier cosa relacionada con vivir tu vida. Si es así, describe el qué, cómo, cuándo y por qué. Si no, describe el qué, cómo, cuándo y por qué.

_____

_____

_____

_____

_____

10. ¿Necesitas cadenas cortas o largas de razonamiento para dar sentido a las cosas? Si es así, describe el qué, cómo, cuándo y por qué. Si no, describe el qué, cómo, cuándo y por qué.

_____

_____

_____

_____

_____

11. ¿Eres bueno en las matemáticas y/o en las ecuaciones estadísticas? Si es así, describe el qué, cómo, cuándo y por qué. Si no, describe el qué, cómo, cuándo y por qué.

_____

_____

_____

_____

_____

12. ¿Eres bueno para el pensamiento geométrico? Si es así, describe el qué, cómo, cuándo y por qué. Si no, describe el qué, cómo, cuándo y por qué.

_____

_____

_____

_____

_____

_____

13. ¿Eres bueno en la administración del tiempo? Si es así, describe el qué, cómo, cuándo y por qué. Si no, describe el qué, cómo, cuándo y por qué.

_____

_____

_____

_____

_____

_____

_____

14. Generalmente, ¿encuentras fáciles de entender los conceptos científicos? Si es así, describe el qué, cómo,

cuándo y por qué. Si no, describe el qué, cómo, cuándo y por qué.

_____

_____

_____

_____

_____

_____

15. ¿Puedes oscilar fácilmente entre el panorama completo y los detalles de una situación, problema o tema? Si es así, describe el qué, cómo, cuándo y por qué. Si no, describe el qué, cómo, cuándo y por qué.

_____

_____

_____

_____

_____

16. ¿Meditas sobre las cosas de diferentes maneras hasta que tienen sentido? Si es así, describe el qué, cómo, cuándo y por qué. Si no, describe el qué, cómo, cuándo y por qué.

_____

_____

_____

_____

_____

_____

17. Por lo general, ¿es disciplinado tu pensamiento? Si es así, describe el qué, cómo, cuándo y por qué. Si no, describe el qué, cómo, cuándo y por qué.

_____

_____

_____

_____

_____

18. ¿Te gusta calcular? Si es así, describe el qué, cómo, cuándo y por qué. Si no, describe el qué, cómo, cuándo y por qué.

_____

_____

_____

_____

_____

19. ¿Te gusta cuantificar? Si es así, describe el qué, cómo, cuándo y por qué. Si no, describe el qué, cómo, cuándo y por qué.

_____

_____

_____

_____

_____

20. ¿Quieres saber qué viene a continuación (como durante tu vida día a día, o en una película o un libro)? Si es así,

describe el qué, cómo, cuándo y por qué. Si no, describe el qué, cómo, cuándo y por qué.

_____

_____

_____

_____

_____

_____

21. ¿Te hablan las fórmulas matemáticas, estadísticas y/o físicas? Si es así, describe el qué, cómo, cuándo y por qué. Si no, describe el qué, cómo, cuándo y por qué.

_____

_____

_____

_____

_____

_____

22. ¿Ves significado en los números? Si es así, describe el qué, cómo, cuándo y por qué. Si no, describe el qué, cómo, cuándo y por qué.

_____

_____

_____

_____

_____

_____

23. ¿Te gusta diseñar y realizar experimentos? Si es así, describe el qué, cómo, cuándo y por qué. Si no, describe el qué, cómo, cuándo y por qué.

_____

_____

_____

_____

_____

_____

24. ¿Te gusta crear juegos de estrategia como búsquedas del tesoro? Si es así, describe el qué, cómo, cuándo y por qué. Si no, describe el qué, cómo, cuándo y por qué.

_____

_____

_____

_____

_____

25. ¿Te gusta organizar tu tiempo? Si es así, describe el qué, cómo, cuándo y por qué. Si no, describe el qué, cómo, cuándo y por qué.

_____

_____

_____

_____

_____

26. ¿Te gusta interpretar datos? Si es así, describe el qué, cómo, cuándo y por qué. Si no, describe el qué, cómo, cuándo y por qué.

_____
_____
_____
_____
_____
_____

27. ¿Te gusta plantear hipótesis y preguntar "y si..."? Si es así, describe el qué, cómo, cuándo y por qué. Si no, describe el qué, cómo, cuándo y por qué.

_____
_____
_____
_____
_____

28. ¿Te gusta categorizar hechos e información? Si es así, describe el qué, cómo, cuándo y por qué. Si no, describe el qué, cómo, cuándo y por qué.

_____
_____
_____
_____
_____
_____

29. ¿Te gusta describir las cosas en términos de simetría y balance? Si es así, describe el qué, cómo, cuándo y por qué. Si no, describe el qué, cómo, cuándo y por qué.

_____

_____

_____

_____

_____

_____

30. ¿Puedes ver, generalmente, los pros y los contras de una situación? Si es así, describe el qué, cómo, cuándo y por qué. Si no, describe el qué, cómo, cuándo y por qué.

_____

_____

_____

_____

_____

_____

31. ¿Te gusta planificar? Si es así, describe el qué, cómo, cuándo y por qué. Si no, describe el qué, cómo, cuándo y por qué.

_____

_____

_____

_____

_____

_____

32. ¿Te gusta razonar las cosas? Si es así, describe el qué, cómo, cuándo y por qué. Si no, describe el qué, cómo, cuándo y por qué.

_____

_____

_____

_____

_____

_____

33. ¿Te gusta jugar con cifras y hacer operaciones matemáticas complejas? Si es así, describe el qué, cómo, cuándo y por qué. Si no, describe el qué, cómo, cuándo y por qué.

_____

_____

_____

_____

34. ¿Te gusta utilizar la tecnología? ¿Te gusta intentar entender la tecnología que utilizas? Si es así, describe el qué, cómo, cuándo y por qué. Si no, describe el qué, cómo, cuándo y por qué.

_____

_____

_____

_____

_____

35. ¿Puedes computar fácilmente cifras en tu cabeza? Si es así, describe el qué, cómo, cuándo y por qué. Si no, describe el qué, cómo, cuándo y por qué.

_____

_____

_____

_____

_____

_____

36. ¿Son (o eran) en la escuela tus asignaturas favoritas la ciencia, matemáticas, o ciencias de la computación? Si es así, describe el qué, cómo, cuándo y por qué. Si no, describe el qué, cómo, cuándo y por qué.

_____

_____

_____

_____

_____

_____

37. ¿Te gustan los juegos de lógica como el ajedrez y los naipes? Si es así, describe el qué, cómo, cuándo y por qué. Si no, describe el qué, cómo, cuándo y por qué.

_____

_____

_____

_____

_____

_____

38. ¿Te gusta la computadora estratégica o los juegos de video? Si es así, describe el qué, cómo, cuándo y por qué. Si no, describe el qué, cómo, cuándo y por qué.

_____

_____

_____

_____

_____

_____

39. ¿Te gustan los acertijos? Si es así, describe el qué, cómo, cuándo y por qué. Si no, describe el qué, cómo, cuándo y por qué.

_____

_____

_____

_____

_____

40. ¿Te gusta resolver problemas? Si es así, describe el qué, cómo, cuándo y por qué. Si no, describe el qué, cómo, cuándo y por qué.

_____

_____

_____

_____

_____

41. ¿Te gustan los juegos de "suposición"? Si es así, describe el qué, cómo, cuándo y por qué. Si no, describe el qué, cómo, cuándo y por qué.

_____

_____

_____

_____

_____

_____

42. ¿Busca tu mente patrones, regularidades, y secuencias lógicas? Si es así, describe el qué, cómo, cuándo y por qué. Si no, describe el qué, cómo, cuándo y por qué.

_____

_____

_____

_____

_____

43. ¿Te interesan y te emocionan los nuevos desarrollos en ciencia, tecnología y las ciencias naturales? Si es así, describe el qué, cómo, cuándo y por qué. Si no, describe el qué, cómo, cuándo y por qué.

_____

_____

_____

_____

44. ¿Te gustan las explicaciones racionales para todo? Si es así, describe el qué, cómo, cuándo y por qué. Si no, describe el qué, cómo, cuándo y por qué.

_____

_____

_____

_____

_____

45. ¿Piensas con frecuencia en conceptos abstractos (sin palabras, sin imágenes)? Si es así, describe el qué, cómo, cuándo y por qué. Si no, describe el qué, cómo, cuándo y por qué.

_____

_____

_____

_____

_____

46. ¿Entiendes el orden y lo deseas? Si es así, describe el qué, cómo, cuándo y por qué. Si no, describe el qué, cómo, cuándo y por qué.

_____

_____

_____

_____

_____

47. ¿Eres consciente de inmediato de las fallas lógicas en el argumento o la conversación de una persona? Si es así, describe el qué, cómo, cuándo y por qué. Si no, describe el qué, cómo, cuándo y por qué.

_____

_____

_____

_____

_____

_____

48. ¿Notas secuencias ilógicas en eventos o películas, conversaciones, libros, memes, y otros? Si es así, describe el qué, cómo, cuándo y por qué. Si no, describe el qué, cómo, cuándo y por qué.

_____

_____

_____

_____

_____

_____

49. ¿Te gusta hacer rompecabezas, LEGO, o cualquier cosa de esta naturaleza? Si es así, describe el qué, cómo, cuándo y por qué. Si no, describe el qué, cómo, cuándo y por qué.

_____

_____

_____

_____

_____

50. ¿Te gusta cuestionar, experimentar, explorar? Si es así, describe el qué, cómo, cuándo y por qué. Si no, describe el qué, cómo, cuándo y por qué.

_____

_____

_____

_____

_____

_____

Ahora, toma todas tus respuestas y en el espacio siguiente escribe un resumen de cómo pareces estar usando el Módulo Lógico/Matemático. Podrías descubrir que en este proceso quieres cambiar o añadir a tus propias respuestas. Adelante, este es un proceso autorregulatorio normal. Cuando hayas hecho el resumen, repásalo para ver si estás de acuerdo con lo que has escrito y si puedes añadir más. Edita el resumen, haciéndote las siguientes preguntas: *¿Soy yo así? ¿De veras pienso de este modo? ¿Es esta una afirmación para agradar a las personas, o estoy siendo fiel a mí mismo?* No seas demasiado duro contigo mismo. Añade algunas líneas más sobre cómo puedes usar el Módulo Lógico/Matemático para mejorar cómo te comunicas y conectas con las personas, y para mejorar cómo operas en general. Después de todo, tú eres tú; pero mejoras en ser tú todo el tiempo.

_____

_____

_____

_____

_____

_____

_____

_____

Módulo 5:   Módulo Metacognitivo Cenestésico: pensar, sentir, decidir

El Módulo Metacognitivo Cenestésico incluye movimiento, sensación somática, y sentir vida, emociones y experiencias mediante tu cuerpo físico. Tu modo de pensamiento cenestésico implica capacidades computacionales en bruto como coordinación, sentido de tiempo, movimiento, destreza y balance, todo lo cual te ayuda a jugar a juegos como fútbol, correr en círculo, sentarte en una silla sin caerte, o recorrer un pasillo. Incluye integrar las sensaciones desde el interior de tu cuerpo también.

En esencia, este es un tipo de capacidad muy táctil, energética y multisensorial que implica el control de movimientos corporales, la habilidad para coordinarte a ti mismo, y la capacidad de manejar con destreza objetos a tu alrededor. Implica la necesidad de tocar, sentir, y mover cosas de un lado a otro, de maniobrar o experimentar mientras aprendes.

1. ¿Necesitas experimentar y sentir para entender algo? Por ejemplo, si alguien te está mostrando algo en su teléfono o en un libro o revista, ¿necesitas tenerlo en tu mano para procesar la información? Si es así, describe el qué, cómo, cuándo y por qué. Si no, describe el qué, cómo, cuándo y por qué.

_____

_____

_____

_____

_____

2. ¿Te imaginas a ti mismo realizando una actividad o movimiento físico antes de hacerlo? En otras palabras, ¿te imaginas la secuencia completa y la ves antes de llevarla a

cabo en la realidad, especialmente si es un proceso complejo? Si es así, describe el qué, cómo, cuándo y por qué. Si no, describe el qué, cómo, cuándo y por qué.

_____

_____

_____

_____

3. ¿Necesitas sostener un libro para leer, o ver la información en una página, incluso tocarla con tu dedo, para entender lo que estás leyendo? Si es así, describe el qué, cómo, cuándo y por qué. Si no, describe el qué, cómo, cuándo y por qué.

_____

_____

_____

_____

_____

_____

4. ¿Sientes la necesidad de tocar, moverte y sentir las cosas para ayudarte a entender y retener información? Si es así, describe el qué, cómo, cuándo y por qué. Si no, describe el qué, cómo, cuándo y por qué.

_____

_____

_____

_____

5. ¿Necesitas experimentar lo que estás aprendiendo para hacerlo parte de ti? (Por ejemplo, si estás buscando un camino, ¿necesitas ser quien conduce o seguir el GPS de tu teléfono inteligente para aprender la ruta, o puedes aprender la ruta siendo un pasajero o siguiendo a alguien?). Si es así, describe el qué, cómo, cuándo y por qué. Si no, describe el qué, cómo, cuándo y por qué.

    _____

    _____

    _____

    _____

    _____

6. ¿Te gusta que te muestren cómo hacer algo en lugar de que te digan cómo hacer algo? Si es así, describe el qué, cómo, cuándo y por qué. Si no, describe el qué, cómo, cuándo y por qué.

    _____

    _____

    _____

    _____

7. ¿Te gusta enseñarte a ti mismo a hacer cosas nuevas, como aprender a tocar el piano, un deporte nuevo, una técnica, o conocimiento sobre algo? Si es así, describe el qué, cómo, cuándo y por qué. Si no, describe el qué, cómo, cuándo y por qué.

    _____

    _____

    _____

    _____

8. ¿Considerarías que tu coordinación es regular, buena o excelente cuando se trata de deportes, actividades especializadas, y la vida en general? Si es así, describe el qué, cómo, cuándo y por qué. Si no, describe el qué, cómo, cuándo y por qué.

_____
_____
_____
_____
_____

9. ¿Consideras que tienes un buen sentido del ritmo cuando se trata de la vida en general, incluyendo deportes, tocar un instrumento musical, o conducir? Si es así, describe el qué, cómo, cuándo y por qué. Si no, describe el qué, cómo, cuándo y por qué.

_____
_____
_____
_____
_____

10. ¿Te encuentras con la necesidad de tocar, sentir, manipular físicamente, o usar objetos cuando estás explicando algo o intentando comprender algo? Si es así, describe el qué, cómo, cuándo y por qué. Si no, describe el qué, cómo, cuándo y por qué.

_____
_____
_____
_____

11. ¿Necesitas usar objetos para explicar cosas a las personas o para comunicar tu mensaje? Por ejemplo, ¿agarras cualquier cosa que tengas delante para explicar tu punto? Si es así, describe el qué, cómo, cuándo y por qué. Si no, describe el qué, cómo, cuándo y por qué.

_____

_____

_____

_____

_____

12. ¿Necesitas usar muchos movimientos corporales para explicar cosas o para comunicar tu mensaje? Si es así, describe el qué, cómo, cuándo y por qué. Si no, describe el qué, cómo, cuándo y por qué.

_____

_____

_____

_____

_____

13. ¿Te encuentras queriendo tocar y moverte en un ambiente nuevo donde no has estado antes? ¿Te ayuda eso a procesar y entender mejor el ambiente, casi como si estuvieras grabando eso en tu memoria? Si es así, describe el qué, cómo, cuándo y por qué. Si no, describe el qué, cómo, cuándo y por qué.

_____

_____

_____

_____

14. ¿Te encuentras agarrando objetos e intentando descifrarlos? Si es así, describe el qué, cómo, cuándo y por qué. Si no, describe el qué, cómo, cuándo y por qué.

_____

_____

_____

_____

15. ¿Ves que siempre estás moviendo tus manos, pies, cuerpo, o todos ellos mientras escuchas, estás entendiendo o explicando algo? ¿Eres alguien inquieto en el salón de clase, alguien que se levanta y comienza a caminar de un lado a otro mientras habla, explica, procesa, entiende o aprende? Si es así, describe el qué, cómo, cuándo y por qué. Si no, describe el qué, cómo, cuándo y por qué.

_____

_____

_____

_____

_____

16. ¿Te estiras mucho, especialmente cuando estás largos periodos sentado, como un medio de enfocarte en información nueva? ¿Sientes que estirarte o moverte te ayuda a entender la información? Si es así, describe el qué, cómo, cuándo y por qué. Si no, describe el qué, cómo, cuándo y por qué.

_____

_____

_____

_____

17. ¿Necesitas levantarte y moverte mientras procesas información? ¿Te encuentras desconectando o batallando por concentrarte cuando no te mueves? Si es así, describe el qué, cómo, cuándo y por qué. Si no, describe el qué, cómo, cuándo y por qué.

_____

_____

_____

_____

_____

18. ¿Bostezas mucho mientras escuchas y te enfocas profundamente? (¡Bostezar en realidad "reinicia" el cerebro y ayuda a la concentración!). Si es así, describe el qué, cómo, cuándo y por qué. Si no, describe el qué, cómo, cuándo y por qué.

_____

_____

_____

_____

_____

_____

19. ¿Te gustan los juegos de rol, el drama, las farsas, y el teatro? Si es así, describe el qué, cómo, cuándo y por qué. Si no, describe el qué, cómo, cuándo y por qué.

_____

_____

_____

_____

_____

20. ¿Te gustan los juegos que requieren movimiento, hablar y acciones? Si es así, describe el qué, cómo, cuándo y por qué. Si no, describe el qué, cómo, cuándo y por qué.

_____

_____

_____

_____

_____

21. ¿Necesitas explorar un ambiente mediante el tacto y el movimiento antes de poder establecerte? Si es así, describe el qué, cómo, cuándo y por qué. Si no, describe el qué, cómo, cuándo y por qué.

_____

_____

_____

_____

22. ¿Te gusta tocar o manejar lo que necesitas aprender, en lugar de solo mirar algo? Por ejemplo, en una conferencia o al ver un programa de aprendizaje en línea, ¿te encuentras con la necesidad de pausar y escribir o hacer dibujos, o ser interactivo de alguna otra manera para aprender? Si es así, describe el qué, cómo, cuándo y por qué. Si no, describe el qué, cómo, cuándo y por qué.

_____

_____

_____

_____

_____

23. ¿Eres bueno para organizar los muebles en una habitación y poner adornos sobre una mesa o cojines sobre un sofá? ¿Puedes ver cómo organizar las cosas sobre una pared, en una habitación, en cualquier zona? ¿Puedes entrar en una tienda y saber exactamente qué piezas comprar? Si es así, describe el qué, cómo, cuándo y por qué. Si no, describe el qué, cómo, cuándo y por qué.

_____

_____

_____

_____

_____

24. ¿Te gustan los viajes de estudios, como visitar un museo o el planetario? Si es así, describe el qué, cómo, cuándo y por qué. Si no, describe el qué, cómo, cuándo y por qué.

_____

_____

_____

_____

25. ¿Disfrutas participar en obras de teatro o musicales? Si es así, describe el qué, cómo, cuándo y por qué. Si no, describe el qué, cómo, cuándo y por qué.

_____

_____

_____

_____

26. ¿Te gustan los juegos de estrategia física como el pilla-pilla, captura o las búsquedas del tesoro? Si es así, describe el qué, cómo, cuándo y por qué. Si no, describe el qué, cómo, cuándo y por qué.

_____

_____

_____

_____

27. ¿Notas cuando las personas no han coordinado los colores o estilos de su ropa correctamente? Si es así, describe el qué, cómo, cuándo y por qué. Si no, describe el qué, cómo, cuándo y por qué.

_____

_____

_____

_____

28. ¿Te gusta la simetría en una habitación, como poner dos plantas idénticas a cada lado de un sofá? ¿Qué significan para ti el balance y la simetría? Si es así, describe el qué, cómo, cuándo y por qué. Si no, describe el qué, cómo, cuándo y por qué.

_____

_____

_____

_____

29. ¿Eres consciente de tu cuerpo y de cómo te sientes? Si es así, describe el qué, cómo, cuándo y por qué. Si no, describe el qué, cómo, cuándo y por qué.

_____

_____

_____

_____

30. ¿Eres consciente de tu salud física y te interesas por ella? ¿Haces ejercicio regularmente e intentas llevar una dieta equilibrada con alimentos frescos? ¿Eres consciente del sistema alimentario disfuncional y los peligros de los alimentos procesados y los transgénicos? Si es así, describe el qué, cómo, cuándo y por qué. Si no, describe el qué, cómo, cuándo y por qué.

_____

_____

_____

_____

_____

31. ¿Te resulta fácil participar en una actividad grupal que implique una secuencia coordinada de movimientos, como aeróbicos, danza, Pilates, o *spinning*? Si es así, describe el qué, cómo, cuándo y por qué. Si no, describe el qué, cómo, cuándo y por qué.

_____

_____

_____

_____

32. ¿Te consideras que eres regular, bueno o excelente en actividades que involucran el uso de tus manos, como coser, la cirugía, pintar, y otras? Si es así, describe el qué, cómo, cuándo y por qué. Si no, describe el qué, cómo, cuándo y por qué.

_____

_____

_____

_____

_____

33. ¿Te gustan las manualidades como la alfarería, la talla en madera, construir cosas, pintar, u otras manualidades? ¿Es algo que haces para relajarte? Si es así, describe el qué, cómo, cuándo y por qué. Si no, describe el qué, cómo, cuándo y por qué.

_____

_____

_____

_____

_____

34. ¿Te resulta fácil crear nuevas formas de un deporte, como un nuevo tipo de danza o una nueva versión de básquetbol? Si es así, describe el qué, cómo, cuándo y por qué. Si no, describe el qué, cómo, cuándo y por qué.

_____

_____

_____

_____

35. ¿Te gusta jugar fútbol, béisbol, fútbol americano, tenis, y otros similares? Esta pregunta no es sobre destreza, es sobre disfrutar de los juegos de pelota. Si es así, describe el qué, cómo, cuándo y por qué. Si no, describe el qué, cómo, cuándo y por qué.

_____

_____

_____

_____

_____

36. ¿Sientes que tienes una buena coordinación de manos y ojos para la vida en general, como en danza, deportes, manualidades, y otros? Si es así, describe el qué, cómo, cuándo y por qué. Si no, describe el qué, cómo, cuándo y por qué.

_____

_____

_____

_____

_____

37. ¿Te considerarías bueno en ciclismo, motociclismo, esquí... actividades que requieren velocidad, equilibrio y destrezas de coordinación? Si es así, describe el qué, cómo, cuándo y por qué. Si no, describe el qué, cómo, cuándo y por qué.

_____

_____

_____

_____

38. ¿Te gusta correr para hacer ejercicio o divertirte? Si es así, describe el qué, cómo, cuándo y por qué. Si no, describe el qué, cómo, cuándo y por qué.

_____

_____

_____

_____

_____

_____

39. ¿Te gusta participar en maratones, competencias deportivas, etc.? Si es así, describe el qué, cómo, cuándo y por qué. Si no, describe el qué, cómo, cuándo y por qué.

_____

_____

_____

_____

40. ¿Prefieres deportes individuales, deportes grupales, o tan solo hacer ejercicio como tú consideres adecuado, como caminar, o hacer ejercicio en el gimnasio por tu cuenta? Describe el qué, cómo, cuándo y por qué.

_____

_____

_____

_____

_____

41. ¿Amas el movimiento y los deportes, pero no eres tan competente en ningún deporte en particular? Si es así,

describe el qué, cómo, cuándo y por qué. Si no, describe el qué, cómo, cuándo y por qué.

_____

_____

_____

_____

_____

_____

42. ¿Te gusta nadar o los acuaeróbicos para relajarte o para competir? Si es así, describe el qué, cómo, cuándo y por qué. Si no, describe el qué, cómo, cuándo y por qué.

_____

_____

_____

_____

_____

43. ¿Te gusta estar en el agua? Si es así, describe el qué, cómo, cuándo y por qué. Si no, describe el qué, cómo, cuándo y por qué.

_____

_____

_____

_____

_____

_____

44. ¿Te sientes con frecuencia impulsado a moverte cuando piensas profundamente en algo? Si es así, describe

el qué, cómo, cuándo y por qué. Si no, describe el qué, cómo, cuándo y por qué.

_____

_____

_____

_____

_____

_____

45. ¿Te gusta hacer modelos de cosas con *Play-Doh* o plasticina? Si es así, describe el qué, cómo, cuándo y por qué. Si no, describe el qué, cómo, cuándo y por qué.

_____

_____

_____

_____

46. ¿Te gusta ver deportes, en vivo o en televisión, y reconoces y aprecias la destreza que involucra? Si es así, describe el qué, cómo, cuándo y por qué. Si no, describe el qué, cómo, cuándo y por qué.

_____

_____

_____

_____

_____

47. ¿Recibes en tu cuerpo una sensación de las cosas? Por ejemplo, cuando caminas por un lugar, o juegas un juego o un deporte, o vas a áreas nuevas, ¿sientes que todo tu

cuerpo responde? Si es así, describe el qué, cómo, cuándo y por qué. Si no, describe el qué, cómo, cuándo y por qué.

_____

_____

_____

_____

48. ¿Te resulta difícil quedarte quieto durante largos periodos de tiempo, especialmente en un ambiente de salón de clase? Si es así, describe el qué, cómo, cuándo y por qué. Si no, describe el qué, cómo, cuándo y por qué.

_____

_____

_____

_____

49. ¿Te relaja y/o te hace sentir en paz el movimiento o moverte de alguna manera? Si es así, describe el qué, cómo, cuándo y por qué. Si no, describe el qué, cómo, cuándo y por qué.

_____

_____

_____

_____

Ahora, toma todas tus respuestas y en el espacio siguiente escribe un resumen de cómo pareces estar usando el Módulo Cenestésico. Podrías descubrir que en este proceso quieres cambiar o añadir a tus propias respuestas. Adelante, este es un proceso autorregulatorio normal. Cuando hayas hecho el resumen, repásalo para ver si estás de acuerdo con lo que has escrito y si puedes añadir más. Edita el resumen, haciéndote las siguientes preguntas: *¿Soy yo así? ¿De veras pienso de este modo? ¿Es esta una afirmación para agradar a las personas, o estoy siendo fiel a mí mismo?* No seas demasiado duro contigo mismo. Añade algunas líneas más sobre cómo puedes usar el Módulo Cenestésico para mejorar cómo te comunicas y conectas con las personas y para mejorar cómo operas en general. Después de todo, tú eres tú; pero mejoras en ser tú todo el tiempo.

_____

_____

_____

_____

_____

_____

_____

_____

_____

_____

_____

_____

_____

Módulo 6:   **Módulo Metacognitivo Musical: pensar, sentir, decidir**

El Módulo Metacognitivo Musical podría parecer que es la habilidad de cantar o tocar un instrumento musical; buscar sonido; encontrar paz, comodidad, estimulación y motivación en la música; tararear; y cosas similares. Eso es obvio. Pero sorprendentemente, también implica las capacidades computacionales de intuir, ser instintivo, leer patrones, identificar ritmo y, lo más importante, leer entre líneas y experimentar cuando cosas, un lugar, o lo que una persona está diciendo simplemente "no se siente bien", al igual que sensibilidad a los entornos, las personas, y las atmósferas que crean.

Trabaja muy ampliamente con la parte de tu cerebro llamada la ínsula, que es responsable del desarrollo del instinto, permitiéndote así leer entre líneas. También te permite sentir el significado y verificarlo. Por ejemplo, cuando le preguntas a tu amiga: "¿Estás bien?", y ella responde: "Sí, estoy bien" (con voz temblorosa), este modo de pensar te advierte de que hay algo más en esa situación. Por lo tanto, involucra la capacidad de leer a las personas mediante su tono de voz y su lenguaje corporal, en lugar de solamente escuchar sus palabras.

El pensamiento musical incorpora sensibilidad al tono, la melodía, el ritmo, y sintonizar con los sonidos y movimientos que oyes y ves a tu alrededor, al igual que la habilidad de producir ritmo, tono y formas de expresión musical. Es también la inteligencia de la intuición, "el instinto", y leer el lenguaje corporal. Está implicado en el tipo de pensamiento atribuido a la interpretación de la conversación y también al tipo de pensamiento que se ve en individuos musicales como Mozart.

1. Todos somos intuitivos; es parte del proceso de pensamiento. Sin embargo, algunos tienen más sensibilidad en esta área en la que casi vemos y sabemos cosas antes de que sucedan. ¿Te identificas con eso? Si es así, describe el qué, cómo, cuándo y por qué. Si no, describe el qué, cómo, cuándo y por qué.

_____

_____

_____

_____

2.   ¿Te encuentras quedándote absorto, a veces incluso consumido, en las alegrías o las tristezas de otras personas? Si es así, describe el qué, cómo, cuándo y por qué. Si no, describe el qué, cómo, cuándo y por qué.

_____

_____

_____

_____

_____

3.   ¿Sientes intensamente el dolor de otras personas? ¿Afecta eso tu capacidad para funcionar? ¿Te alejas o intentas ayudar de algún modo? Si es así, describe el qué, cómo, cuándo y por qué. Si no, describe el qué, cómo, cuándo y por qué.

_____

_____

_____

_____

4.   ¿Lloras con frecuencia en películas conmovedoras o tristes? Si es así, describe el qué, cómo, cuándo y por qué. Si no, describe el qué, cómo, cuándo y por qué.

_____

_____

_____

_____

_____

5.   ¿Te resulta difícil ver ciertas películas o ciertas historias porque se vuelven demasiado reales para ti? ¿O

214 TU YO PERFECTO

te encanta perderte en ellas? Si es así, describe el qué, cómo, cuándo y por qué. Si no, describe el qué, cómo, cuándo y por qué.

_____

_____

_____

_____

_____

_____

6. ¿Tienes un sentido para el pensamiento matemático? Si es así, describe el qué, cómo, cuándo y por qué. Si no, describe el qué, cómo, cuándo y por qué.

_____

_____

_____

_____

_____

_____

7. En general, ¿puedes leer las actitudes de otras personas? Si es así, describe el qué, cómo, cuándo y por qué. Si no, describe el qué, cómo, cuándo y por qué.

_____

_____

_____

_____

_____

_____

8. ¿Puedes "leer entre líneas" en lo que alguien está diciendo en voz alta, en forma escrita, y/o mediante su lenguaje

corporal? Si es así, describe el qué, cómo, cuándo y por qué. Si no, describe el qué, cómo, cuándo y por qué.

_____

_____

_____

_____

_____

_____

9. ¿Eres muy consciente de cómo te sientes mentalmente y emocionalmente? Si es así, describe el qué, cómo, cuándo y por qué. Si no, describe el qué, cómo, cuándo y por qué.

_____

_____

_____

_____

_____

_____

10. ¿Puedes identificar y describir fácilmente el dolor en tu cuerpo? Si es así, describe el qué, cómo, cuándo y por qué. Si no, describe el qué, cómo, cuándo y por qué.

_____

_____

_____

_____

_____

_____

11. ¿Puedes sentir fácilmente el impacto de emociones y pensamiento negativo en tu mente y tu cuerpo? Si es así,

describe el qué, cómo, cuándo y por qué. Si no, describe el qué, cómo, cuándo y por qué.

_____

_____

_____

_____

_____

12. ¿Te encuentras prediciendo cosas intuitivamente? ¿Das en el clavo generalmente? Si es así, describe el qué, cómo, cuándo y por qué. Si no, describe el qué, cómo, cuándo y por qué.

_____

_____

_____

_____

_____

13. ¿Te resulta fácil leer a otras personas? ¿Eres bueno en leer su lenguaje corporal, sus expresiones y su tono de voz? Si es así, describe el qué, cómo, cuándo y por qué. Si no, describe el qué, cómo, cuándo y por qué.

_____

_____

_____

_____

_____

14. En general, ¿eres bueno para juzgar el carácter? Si es así, describe el qué, cómo, cuándo y por qué. Si no, describe el qué, cómo, cuándo y por qué.

_____

_____

_____

_____

15. ¿Te resulta fácil seguir conversaciones e interpretar las dinámicas de las conversaciones? Si es así, describe el qué, cómo, cuándo y por qué. Si no, describe el qué, cómo, cuándo y por qué.

_____

_____

_____

_____

16. ¿Te encuentras con frecuencia notando a otras personas que no autorregulan sus acciones y conversaciones en situaciones sociales? Si es así, describe el qué, cómo, cuándo y por qué. Si no, describe el qué, cómo, cuándo y por qué.

_____

_____

_____

_____

_____

17. ¿Sientes instintivamente cuando algo está bien o mal, o que algo en un ambiente no está bien? Si es así, describe el qué, cómo, cuándo y por qué. Si no, describe el qué, cómo, cuándo y por qué.

_____

_____

_____

_____

_____

18. ¿Te encuentras no haciendo o diciendo algo hasta que se siente "correcto"? Si es así, describe el qué, cómo, cuándo y por qué. Si no, describe el qué, cómo, cuándo y por qué.

_____

_____

_____

_____

19. ¿Puedes darte cuenta fácilmente de si puedes o no confiar en alguien? Si es así, describe el qué, cómo, cuándo y por qué. Si no, describe el qué, cómo, cuándo y por qué.

_____

_____

_____

_____

_____

20. ¿Te resulta fácil captar los matices en la conversación de alguien, como si alguien está siendo sarcástico o no? Si

es así, describe el qué, cómo, cuándo y por qué. Si no, describe el qué, cómo, cuándo y por qué.

_____

_____

_____

_____

_____

21. ¿Te encuentras escuchando y respondiendo a una variedad de sonidos, incluida la voz humana, sonidos ambientales, sonidos en la naturaleza, y música? Si es así, describe el qué, cómo, cuándo y por qué. Si no, describe el qué, cómo, cuándo y por qué.

_____

_____

_____

_____

_____

22. ¿Disfrutas la música y te encuentras necesitándola en un ambiente de aprendizaje? Si es así, describe el qué, cómo, cuándo y por qué. Si no, describe el qué, cómo, cuándo y por qué.

_____

_____

_____

_____

23. ¿Creas con frecuencia tu propio ritmo si no puedes oír música, especialmente cuando te estás concentrando; por ejemplo, golpeando con tu pluma, moviendo tu pie y

balanceando tu silla cuando estás estudiando? Si es así, describe el qué, cómo, cuándo y por qué. Si no, describe el qué, cómo, cuándo y por qué.

_____

_____

_____

_____

_____

_____

24. ¿Te encuentras respondiendo a la música tarareando? Si es así, describe el qué, cómo, cuándo y por qué. Si no, describe el qué, cómo, cuándo y por qué.

_____

_____

_____

_____

_____

25. ¿Te encuentras respondiendo a la música moviéndote al tiempo de la música? Si es así, describe el qué, cómo, cuándo y por qué. Si no, describe el qué, cómo, cuándo y por qué.

_____

_____

_____

_____

_____

_____

26. ¿Descubres que la música y el canto te hacen sentir una variedad de emociones? Si es así, describe el qué, cómo,

cuándo y por qué. Si no, describe el qué, cómo, cuándo y por qué.

_____

_____

_____

_____

_____

_____

27. Si ves gimnasia, ballet, danza, o cualquier deporte, ¿puedes "oír" la música en los movimientos corporales de los intérpretes? Si es así, describe el qué, cómo, cuándo y por qué. Si no, describe el qué, cómo, cuándo y por qué.

_____

_____

_____

_____

_____

28. ¿Reconoces distintos tipos de estilos musicales, notas, tonos, géneros, y variaciones culturales? Si es así, describe el qué, cómo, cuándo y por qué. Si no, describe el qué, cómo, cuándo y por qué.

_____

_____

_____

_____

_____

_____

29. ¿Te resulta fascinante el papel que la música ha desempeñado y sigue desempeñando en la vida humana? Si es

así, describe el qué, cómo, cuándo y por qué. Si no, describe el qué, cómo, cuándo y por qué.

_____

_____

_____

_____

_____

30. ¿Coleccionas grabaciones de diferentes tipos de música? Si es así, describe el qué, cómo, cuándo y por qué. Si no, describe el qué, cómo, cuándo y por qué.

_____

_____

_____

_____

31. ¿Puedes cantar? Si es así, describe el qué, cómo, cuándo y por qué. Si no, describe el qué, cómo, cuándo y por qué.

_____

_____

_____

_____

32. ¿Tocas uno o más instrumentos musicales? Si es así, describe el qué, cómo, cuándo y por qué. Si no, describe el qué, cómo, cuándo y por qué.

_____

_____

_____

_____

33. ¿Eres capaz y te gusta analizar y criticar selecciones musicales? Si es así, describe el qué, cómo, cuándo y por qué. Si no, describe el qué, cómo, cuándo y por qué.

_____

_____

_____

_____

_____

34. ¿Eres capaz con frecuencia de interpretar lo que un compositor comunica mediante la música? Si es así, describe el qué, cómo, cuándo y por qué. Si no, describe el qué, cómo, cuándo y por qué.

_____

_____

_____

_____

_____

35. ¿Recuerdas los títulos y las letras de las canciones? Si es así, describe el qué, cómo, cuándo y por qué. Si no, describe el qué, cómo, cuándo y por qué.

_____

_____

_____

_____

_____

36. ¿Puedes oír una canción una o dos veces y después cantar o tararear la mayor parte? Si es así, describe el qué,

cómo, cuándo y por qué. Si no, describe el qué, cómo, cuándo y por qué.

_____
_____
_____
_____
_____
_____

37. ¿Tienes deseo de crear, o has creado, un instrumento musical? Si es así, describe el qué, cómo, cuándo y por qué. Si no, describe el qué, cómo, cuándo y por qué.

_____
_____
_____
_____
_____
_____

38. ¿Te gusta la música? Si es así, describe el qué, cómo, cuándo y por qué. Si no, describe el qué, cómo, cuándo y por qué.

_____
_____
_____
_____
_____
_____

39. ¿Te encantaría ser (o ya lo eres) ingeniero de sonido, director o músico? Si es así, describe el qué, cómo, cuándo y por qué. Si no, describe el qué, cómo, cuándo y por qué.

_____

_____

_____

_____

_____

_____

40. ¿Lees y/o escribes música? Si es así, describe el qué, cómo, cuándo y por qué. Si no, describe el qué, cómo, cuándo y por qué.

_____

_____

_____

_____

_____

_____

41. ¿Te gustan las actividades musicales como el karaoke? Si es así, describe el qué, cómo, cuándo y por qué. Si no, describe el qué, cómo, cuándo y por qué.

_____

_____

_____

_____

_____

_____

42. ¿Te mueves, cantas o tarareas con frecuencia mientras trabajas o cuando estás aprendiendo algo nuevo? Si es

así, describe el qué, cómo, cuándo y por qué. Si no, describe el qué, cómo, cuándo y por qué.

_____

_____

_____

_____

_____

43. ¿Te gusta silbar? ¿Sabes silbar? Si es así, describe el qué, cómo, cuándo y por qué. Si no, describe el qué, cómo, cuándo y por qué.

_____

_____

_____

_____

_____

44. ¿Batallas cuando estás en un ambiente negativo o cerca de personas que tienen actitudes negativas? ¿Se te pega su ánimo e influye en ti durante mucho tiempo? Si es así, describe el qué, cómo, cuándo y por qué. Si no, describe el qué, cómo, cuándo y por qué.

_____

_____

_____

_____

45. ¿Eres capaz de discernir cuando alguien te está desviando o está siendo una influencia negativa en tu vida? Si

es así, describe el qué, cómo, cuándo y por qué. Si no, describe el qué, cómo, cuándo y por qué.

_____

_____

_____

_____

_____

46. ¿Te encuentras haciendo muchas preguntas sobre cómo y por qué algo sucedió o está sucediendo? ¿Puedes ver los lados positivo y negativo? Si es así, describe el qué, cómo, cuándo y por qué. Si no, describe el qué, cómo, cuándo y por qué.

_____

_____

_____

_____

_____

Ahora, toma todas tus respuestas y en el espacio siguiente escribe un resumen de cómo pareces estar usando el Módulo Musical. Podrías descubrir que en este proceso quieres cambiar o añadir a tus propias respuestas. Adelante, este es un proceso autorregulatorio normal. Cuando hayas hecho el resumen, repásalo para ver si estás de acuerdo con lo que has escrito y si puedes añadir más. Edita el resumen, haciéndote las siguientes preguntas: *¿Soy yo así? ¿De veras pienso de este modo? ¿Es esta una afirmación para agradar a las personas, o estoy siendo fiel a mí mismo?* No seas demasiado duro contigo mismo. Añade algunas líneas más sobre cómo puedes usar el Módulo Musical para mejorar cómo te comunicas y conectas con las personas y para mejorar cómo operas en general. Después de todo, tú eres tú; pero mejoras en ser tú todo el tiempo.

Módulo 7: Módulo Metacognitivo Visual/Espacial: pensar, sentir, decidir

El último módulo es el Módulo Metacognitivo Visual/Espacial. El pensamiento visual/espacial implica las capacidades computacionales en bruto de ver color, luz, forma y profundidad; de navegar espacios; y de cerrar los ojos e imaginar objetos, visualizando así cosas que no están realmente delante de nuestros ojos. Los individuos con deficiencias visuales tienen muy bien desarrollado el pensamiento visual/espacial, ya que se apoyan en lo que pueden ver en su "ojo de la mente".

De ahí que el modo de pensamiento visual/espacial es la habilidad de poder ver sin ver; por ejemplo, puedes imaginar a un ser querido y evocar una imagen visual desde tu mente no consciente hacia tu mente consciente. Esta es la habilidad de visualizar en imágenes y/o visiones, de "ver" con el ojo de la mente, de hacer mapas mentales, de percibir el mundo visual/espacial con precisión, y de actuar según percepciones iniciales.

El pensamiento visual/espacial se trata de representar interiormente el mundo espacial en tu mente, y ser capaz de orientarte con facilidad en el espacio tridimensional. Los artistas tienen un nivel elevado de pensamiento visual/espacial, el cual se expresa en grandes obras como las obras maestras de Leonardo da Vinci y Miguel Ángel.

Sin embargo, este tipo de pensamiento no está restringido a las artes. En las mentes de Sir Isaac Newton y Albert Einstein, por ejemplo, la expresión de su elevado pensamiento visual/espacial era más científico. Tampoco está restringido al sentimiento físico de cómo se ve algo.

1. ¿Te encuentras notando color, luz, profundidad, y formas a tu alrededor? Si es así, describe el qué, cómo, cuándo y por qué. Si no, describe el qué, cómo, cuándo y por qué.

    _____

    _____

    _____

    _____

    _____

2. ¿Puedes imaginar y ver un objeto, una situación o a una persona como si estuvieran delante de ti? Si es así, describe el qué, cómo, cuándo y por qué. Si no, describe el qué, cómo, cuándo y por qué.

    _____

    _____

    _____

    _____

    _____

    _____

3. ¿Puedes orientarte en un espacio tridimensional con facilidad? Es decir, ¿eres capaz de maniobrar fácilmente por espacios complicados, o te chocas con cosas? Si es así, describe el qué, cómo, cuándo y por qué. Si no, describe el qué, cómo, cuándo y por qué.

    _____

    _____

    _____

    _____

    _____

4. Por lo general ¿notas el desorden o la suciedad? ¿Cómo te hace sentir eso? Si es así, describe el qué, cómo, cuándo y por qué. Si no, describe el qué, cómo, cuándo y por qué.

    _____

    _____

    _____

    _____

    _____

5. ¿Notas cosas que están desalineadas, como un cuadro que cuelga torcido en la pared? ¿Quieres ajustarlo automáticamente, o puedes ignorarlo y seguir adelante con lo que estás haciendo? Si es así, describe el qué, cómo, cuándo y por qué. Si no, describe el qué, cómo, cuándo y por qué.

    _____

    _____

    _____

    _____

    _____

6. ¿Notas cuando las personas han coordinado o combinado la ropa? Si es así, describe el qué, cómo, cuándo y por qué. Si no, describe el qué, cómo, cuándo y por qué.

    _____

    _____

    _____

    _____

    _____

7. ¿Notas cuando las personas están bien acicaladas o si están desaliñadas? ¿Te preocupa eso? ¿Cómo te hace sentir? Si es así, describe el qué, cómo, cuándo y por qué. Si no, describe el qué, cómo, cuándo y por qué.

    _____

    _____

    _____

    _____

    _____

    _____

8. ¿Notas el color de cabello de las personas, su estilo de ropa, y/o su nivel de salud? Si es así, describe el qué, cómo, cuándo y por qué. Si no, describe el qué, cómo, cuándo y por qué.

    _____

    _____

    _____

    _____

9. ¿Necesitas expresarte artísticamente en dibujos, cuadros, diagramas, nuevas teorías, ideas, negocios, o cualquier otra forma de creatividad? Si es así, describe el qué, cómo, cuándo y por qué. Si no, describe el qué, cómo, cuándo y por qué.

    _____

    _____

    _____

    _____

10. ¿Tienes muchas ideas? ¿Qué haces con ellas? Si es así, describe el qué, cómo, cuándo y por qué. Si no, describe el qué, cómo, cuándo y por qué.

_____

_____

_____

_____

_____

11. ¿Visualizas lo que las personas te están diciendo o historias que te cuentan, o cosas que lees como "pequeñas películas" en el ojo de tu mente? Si es así, describe el qué, cómo, cuándo y por qué. Si no, describe el qué, cómo, cuándo y por qué.

_____

_____

_____

_____

12. ¿Te quedas con frecuencia mirando fijamente al espacio mientras escuchas a alguien? Si es así, describe el qué, cómo, cuándo y por qué. Si no, describe el qué, cómo, cuándo y por qué.

_____

_____

_____

_____

_____

13. ¿Te gusta crear cosas (canciones, música, juegos, ropa, muebles, lo que sea) aunque solo sea en el ojo de tu mente? Si es así, describe el qué, cómo, cuándo y por qué. Si no, describe el qué, cómo, cuándo y por qué.

_____

_____

_____

_____

_____

14. ¿Te resulta fácil seguir un GPS y encontrar tu camino a lugares nuevos? ¿Tienes confianza haciéndolo? Si es así, describe el qué, cómo, cuándo y por qué. Si no, describe el qué, cómo, cuándo y por qué.

_____

_____

_____

_____

15. ¿Eres capaz de conducir por una ruta una vez y encontrar el camino de regreso? Si es así, describe el qué, cómo, cuándo y por qué. Si no, describe el qué, cómo, cuándo y por qué.

_____

_____

_____

_____

16. ¿Puedes autocorregir fácilmente la ruta que has tomado, a la vez que conduces si te pasaste un giro o alguna otra cosa? ¿Te resulta fácil reajustar el mapa de tu teléfono inteligente (o de lo que utilices para ayudarte a encontrar el camino)? Si es así, describe el qué, cómo, cuándo y por qué. Si no, describe el qué, cómo, cuándo y por qué.

_____

_____

_____

_____

_____

17. ¿Puedes "ver" fácilmente en el ojo de tu mente cómo resolver problemas o asuntos? Si es así, describe el qué, cómo, cuándo y por qué. Si no, describe el qué, cómo, cuándo y por qué.

_____

_____

_____

_____

18. ¿Puedes fácilmente traducir ideas a una acción escrita o física? Si es así, describe el qué, cómo, cuándo y por qué. Si no, describe el qué, cómo, cuándo y por qué.

_____

_____

_____

_____

19. ¿Te encuentras pensando en imágenes? Por ejemplo, ¿te imaginas primero la imagen de un gato, o la palabra *gato*? Si es así, describe el qué, cómo, cuándo y por qué. Si no, describe el qué, cómo, cuándo y por qué.

_____

_____

_____

_____

20. ¿Eres capaz de mover muebles, habitaciones, o cosas físicas en tu cabeza? Si es así, describe el qué, cómo, cuándo y por qué. Si no, describe el qué, cómo, cuándo y por qué.

_____

_____

_____

_____

21. ¿Piensas en 3-D (tridimensional)? Por ejemplo, ¿puedes mover o manipular mentalmente objetos en el espacio para ver cómo interactuarán con otros objetos, como si fueran engranajes que se mueven en distintas partes de una maquinaria? Si es así, describe el qué, cómo, cuándo y por qué. Si no, describe el qué, cómo, cuándo y por qué.

_____

_____

_____

_____

22. ¿Entiendes y te gusta usar y producir información grá-
fica? Por ejemplo, ¿te gusta usar gráficas o esquemas
para explicar conceptos? Si es así, describe el qué, cómo,
cuándo y por qué. Si no, describe el qué, cómo, cuándo
y por qué.

_____

_____

_____

_____

_____

23. ¿Puedes navegar fácilmente por el espacio: por ejemplo,
cuando te mueves a través de aberturas, moviendo un
auto en el tráfico, o estacionando un auto? Si es así, describe el qué, cómo, cuándo y por qué. Si no, describe el
qué, cómo, cuándo y por qué.

_____

_____

_____

_____

_____

24. ¿Puedes leer un mapa fácilmente? ¿Es más fácil en papel
que digital, o viceversa? Si es así, describe el qué, cómo,
cuándo y por qué. Si no, describe el qué, cómo, cuándo
y por qué.

_____

_____

_____

_____

_____

25. ¿Te gustan los bloques de construcción, los objetos de origami, LEGO, y las maquetas? Si es así, describe el qué, cómo, cuándo y por qué. Si no, describe el qué, cómo, cuándo y por qué.

_____

_____

_____

_____

_____

26. ¿Te gusta armar rompecabezas, especialmente los complicados? Si es así, describe el qué, cómo, cuándo y por qué. Si no, describe el qué, cómo, cuándo y por qué.

_____

_____

_____

_____

_____

27. ¿Te gusta crear collages con fotos y hacer álbumes de recortes, elegir y planear fotografías para álbumes de fotos, etc.? Si es así, describe el qué, cómo, cuándo y por qué. Si no, describe el qué, cómo, cuándo y por qué.

_____

_____

_____

_____

_____

28. ¿Te gusta crear presentaciones de diapositivas? Si es así, describe el qué, cómo, cuándo y por qué. Si no, describe el qué, cómo, cuándo y por qué.

_____

_____

_____

_____

_____

_____

29. ¿Disfrutas tomar fotos o crear videos de ocasiones especiales? Si es así, describe el qué, cómo, cuándo y por qué. Si no, describe el qué, cómo, cuándo y por qué.

_____

_____

_____

_____

_____

30. ¿Te gusta diseñar carteles, murales, boletines o sitios web? ¿Te sientes atraído a ellos cuando puedes verlos, y observas sus detalles? Si es así, describe el qué, cómo, cuándo y por qué. Si no, describe el qué, cómo, cuándo y por qué.

_____

_____

_____

_____

31. ¿Te encuentras visualizando (imaginando) mucho, especialmente cuando estás escuchando e intentando entender algo? Si es así, describe el qué, cómo, cuándo y por qué. Si no, describe el qué, cómo, cuándo y por qué.

_____

_____

_____

_____

_____

32. ¿Puedes recordar fácilmente grandes bloques de información (durante breves periodos de tiempo) solo de leerla? Si es así, describe el qué, cómo, cuándo y por qué. Si no, describe el qué, cómo, cuándo y por qué.

_____

_____

_____

_____

33. ¿Te gusta crear dibujos complejos, de tipo "arquitectónico"? Si es así, describe el qué, cómo, cuándo y por qué. Si no, describe el qué, cómo, cuándo y por qué.

_____

_____

_____

_____

_____

34. ¿Te gustaría hacer (o te encanta hacer) una película o un anuncio? Si es así, describe el qué, cómo, cuándo y por qué. Si no, describe el qué, cómo, cuándo y por qué.

_____

_____

_____

_____

_____

35. ¿Aprecias y observas variación en color, tamaño y forma? Por ejemplo, ¿notas los colores, muebles y el diseño interior en las habitaciones? Si es así, describe el qué, cómo, cuándo y por qué. Si no, describe el qué, cómo, cuándo y por qué.

_____

_____

_____

_____

_____

_____

36. ¿Tienes códigos de color de modo natural; por ejemplo, el domingo es rojo y el lunes es azul? ¿Quizá sonidos, o lugares, o personas tienen colores en tu mente? Si es así, describe el qué, cómo, cuándo y por qué. Si no, describe el qué, cómo, cuándo y por qué.

_____

_____

_____

_____

37. ¿Te gustan los juegos de mesa como el Monopolio y el Trivial Pursuit? Si es así, describe el qué, cómo, cuándo y por qué. Si no, describe el qué, cómo, cuándo y por qué.

_____

_____

_____

_____

_____

38. ¿Te gusta y te consideras a ti mismo regular, bueno, o excelente en producir diversas formas de arte como ilustraciones, dibujos, bocetos, pinturas o esculturas? Si es así, describe el qué, cómo, cuándo y por qué. Si no, describe el qué, cómo, cuándo y por qué.

_____

_____

_____

_____

_____

39. ¿Te gusta utilizar la tecnología, como computadoras, teléfonos inteligentes y tabletas? Si es así, describe el qué, cómo, cuándo y por qué. Si no, describe el qué, cómo, cuándo y por qué.

_____

_____

_____

_____

_____

40. ¿Te gusta hacer presentaciones y conferencias o enseñar utilizando computadoras y proyectores de datos? Si es

así, describe el qué, cómo, cuándo y por qué. Si no, describe el qué, cómo, cuándo y por qué.

_____

_____

_____

_____

_____

41. ¿Te gusta escribir en una pizarra, un rotafolio, papel, iPad, o cualquier cosa que puedas agarrar, cuando estás explicando algo, dando una conferencia, o enseñando? Si es así, describe el qué, cómo, cuándo y por qué. Si no, describe el qué, cómo, cuándo y por qué.

_____

_____

_____

_____

_____

42. ¿Ves claras imágenes visuales de lo que estás pensando o escuchando cuando cierras los ojos? Si es así, describe el qué, cómo, cuándo y por qué. Si no, describe el qué, cómo, cuándo y por qué.

_____

_____

_____

_____

_____

43. Todos soñamos, y aquello en lo que nos enfocamos, observamos y pensamos justo antes de dormir influirá en nuestros sueños. Sin embargo, algunos tienen sueños

más gráficos que otros y los recuerdan con más facilidad, como si fueran casi reales. ¿Tienes esos sueños gráficos e incluso pesadillas, especialmente cuando estás atravesando "asuntos"? Si es así, describe el qué, cómo, cuándo y por qué. Si no, describe el qué, cómo, cuándo y por qué.

_____

_____

_____

_____

_____

44. ¿Te gusta dibujar y garabatear, especialmente en situaciones en las que tienes que concentrarte, como mientras estás al teléfono o escuchando una conferencia? Si es así, describe el qué, cómo, cuándo y por qué. Si no, describe el qué, cómo, cuándo y por qué.

_____

_____

_____

_____

_____

45. ¿Prefieres no mirar a la cara a un conferencista, un maestro, o alguna otra persona cuando estás intentando escuchar y concentrarte, ya que hacerlo te distrae? Si es así, describe el qué, cómo, cuándo y por qué. Si no, describe el qué, cómo, cuándo y por qué.

_____

_____

_____

_____

46. ¿Te resulta más fácil aprender cuando puedes ver y observar algo? Si es así, describe el qué, cómo, cuándo y por qué. Si no, describe el qué, cómo, cuándo y por qué.

_____

_____

_____

_____

_____

47. ¿Utilizas frecuentemente imágenes visuales como ayuda para recordar información detallada? Si es así, describe el qué, cómo, cuándo y por qué. Si no, describe el qué, cómo, cuándo y por qué.

_____

_____

_____

_____

48. ¿Puedes doblar fácilmente un pedazo de papel para crear una forma compleja y visualizar su nueva forma? Si es así, describe el qué, cómo, cuándo y por qué. Si no, describe el qué, cómo, cuándo y por qué.

_____

_____

_____

_____

49. ¿Te resulta fácil ver cosas, tanto concretas como lingüísticas, de distintas maneras o desde nuevas perspectivas;

por ejemplo, detectar una forma oculta en otra, o ver el otro ángulo de un problema? Si es así, describe el qué, cómo, cuándo y por qué. Si no, describe el qué, cómo, cuándo y por qué.

_____

_____

_____

_____

50. ¿Puedes percibir tanto patrones obvios como sutiles en objetos, muebles, nubes, etc.? Si es así, describe el qué, cómo, cuándo y por qué. Si no, describe el qué, cómo, cuándo y por qué.

_____

_____

_____

_____

Ahora, toma todas tus respuestas y en el espacio siguiente escribe un resumen de cómo pareces estar usando el Módulo Visual/Espacial. Podrías descubrir que en este proceso quieres cambiar o añadir a tus propias respuestas. Adelante, este es un proceso autorregulatorio normal. Cuando hayas hecho el resumen, repásalo para ver si estás de acuerdo con lo que has escrito y si puedes añadir más. Edita el resumen, haciéndote las siguientes preguntas: ¿Soy yo así? ¿De veras pienso de este modo? ¿Es esta una afirmación para agradar a las personas, o estoy siendo fiel a mí mismo? No seas demasiado duro contigo mismo. Añade algunas líneas más sobre cómo puedes usar el Módulo Visual/Espacial para mejorar cómo te comunicas y conectas con las personas y para mejorar cómo operas en general. Después de todo, tú eres tú; pero mejoras en ser tú todo el tiempo.

7

Lista de comprobación
de tu Yo Perfecto

En el gran teatro de la existencia, nosotros
mismos somos a la vez actores y espectadores.

Niels Bohr, físico cuántico

Esta lista de comprobación de tu Yo Perfecto es una herramienta
de estilo de vida muy práctica y sencilla, pero a la vez poderosa, que
te ayudará a llegar a ser más consciente de lo que estás pensando,
sintiendo, decidiendo, diciendo y haciendo a fin de mantenerte en
tu Yo Perfecto. Puedes usar esta lista antes de, durante y después del
momento de la toma de decisiones. Te mantendrá en tu Yo Perfecto,
del cual has descubierto más en el perfil que acabas de llenar, y te
ayudará a tomar decisiones correctas. La manera más rápida de activar tu Yo Perfecto es comenzar practicando, diariamente, *la autorregulación activa de tus pensamientos, y siendo consciente de su espíritu,
mente y cuerpo.* Al hacer esto de manera intencionada y deliberada,
forzarás que interactúen la autorregulación activa (consciente) y dinámica (que siempre sucede a nivel no consciente), que es cuando
estarás operando a un nivel intelectual muy elevado. Familiarízate

con la lista siguiente de comprobación y memorízala para que puedas utilizarla como un estilo de vida.

Practica esto diariamente durante sesenta y tres días y observa cómo tu vida da un giro en cada esfera: relacionalmente, intelectualmente, profesionalmente, académicamente, socialmente y emocionalmente. Después de sesenta y tres días, deberías estar haciendo esto automáticamente, y comenzando a desarrollar tu pericia y eficacia en estar alerta conscientemente de operar en tu Yo Perfecto; y habrás establecido un diálogo interno constante con el Espíritu Santo. De este modo, literalmente estarás orando continuamente y así operando en tu diseño del Yo Perfecto divino y alambrado para el amor. Comenzarás a ser un portador de imagen en serio, ¡reflejando la gloria de Dios! Y a medida que continúes esto durante el resto de tu vida, desarrollarás tu sentido divino de propósito para producir evidencia y sustancia en tu vida, ¡que está por encima y mucho más allá de lo que jamás esperaste o imaginaste!

Ventaja de Perspectiva Múltiple (MPA)

Nuestra *ventaja de perspectiva múltiple* (MPA, por sus siglas en inglés) es nuestra habilidad de situarnos fuera de nosotros mismos y observar nuestro propio pensamiento. Esto sucede cuando somos conscientes e intencionales. Activa el lóbulo frontal del cerebro y las redes internas de la mente.

Activa de modo consciente y deliberado tu MPA, sitúate fuera de ti mismo, y obsérvate a ti mismo recorrer los pasos siguientes:

- ☐ ¿Soy consciente de lo que estoy pensando, sintiendo y decidiendo en mi mente, y de cómo reacciona mi cuerpo en este momento *ahora*?

- ☐ ¿Estoy utilizando de modo intencional y deliberado mi autorregulación activa (mi pensamiento, sentimiento y decisión conscientes) en este momento *ahora?*

☐ ¿Estoy autorregulando activamente la información *entrante* en este momento *ahora?*

☐ ¿Estoy autorregulando activamente los recuerdos/ pensamientos internos *próximos* en este momento *ahora?*

☐ ¿Estoy decidiendo activamente pedir al Espíritu Santo que guía mi autorregulación en este momento *ahora?*

☐ ¿Estoy autorregulando activamente mi pensamiento sobre la información *entrante y próxima* en este momento *ahora?*

☐ ¿Estoy autorregulando activamente los *sentimientos que estoy experimentando* en este momento y que son parte de la información entrante y próxima en este momento *ahora?*

☐ ¿Estoy autorregulando activamente mi tono de voz, expresiones faciales, y lenguaje corporal en este momento *ahora?*

☐ ¿Estoy autorregulando *cómo estoy decidiendo escuchar* al Espíritu Santo en este momento *ahora?*

☐ Ahora, antes de decidir, haz la versión larga o corta del ejercicio de gratitud, alabanza y adoración (ver más abajo).

☐ Ahora, ¡*decide* y crea con tu poder, amor, y dominio propio!

Ejercicio de gratitud, alabanza y adoración

Versión larga

1. Pide a Dios que te muestre en qué asunto necesitas trabajar durante los próximos sesenta y tres días.

2. Visualiza el asunto como un árbol tóxico en tus manos, y ahora llévalo a los pies de Dios. Puedes hacerlo en tu imaginación y/o desempeñar las acciones realmente como tú quieras hacerlo.

3. Reconoce, confiesa y recibe tu perdón.

4. Ahora, arrodíllate y pon ese árbol tóxico ante el trono de la gracia, y *no* vuelvas a agarrarlo.

5. Mientras estás arrodillado, di cinco frases que comiencen con las palabras "Señor, te doy gracias...". Sé tan concreto como puedas. La investigación dice que mientras más concreto seas, más rápidamente llegará tu sanidad.

6. Ahora ponte de pie, une tus manos con fuerza, e imagina que Jesús está sosteniendo tus manos, porque Él habita en tus alabanzas. Di cinco frases que comiencen con las palabras "Señor, te alabo por...". Una vez más, sé tan concreto como puedas, y cíñete al mismo asunto. No seas tentado a cambiar de tema.

7. Ahora levanta sus manos y entra en adoración. Enfócate al cien por ciento en Dios y no en tus asuntos.

Versión corta de tres segundos

1. Da gracias a Dios porque te está ayudando.

2. Alaba a Dios porque Él está ahí contigo en este momento.

3. Adora a Dios para activar la sabiduría que necesitas.

PARTE
CUATRO

8

Las zonas de incomodidad

Si te sitúas en una posición donde tienes que
estirarte fuera de tu zona de comodidad, entonces
te ves forzado a ampliar tu consciencia.

Les Brown, autor

Aquí está una lección importante de la física
para aprender: la maravillosa y poderosa
influencia de las pasiones de la mente sobre
el estado y el desorden del cuerpo.

John Haygarth, médico

Espero que estés lleno de expectativa y emoción, ¡porque estás comenzando a entender cómo piensas, sientes y decides en tu Yo Perfecto! A lo largo del camino, probablemente hayas aprendido también algo más sobre tu cónyuge, tus hijos, tus amigos y vecinos, y
quizá incluso tu jefe. Ahora, cuando te preguntes: *¿Hay alguien ahí
que me entienda?* Puedes ver en la Escritura, la filosofía y la ciencia
que Dios te entiende. Él te creó con detalle. Fuiste creado con intención, propósito y grandeza. Fuiste diseñado para ser tu Yo Perfecto.

En esta sección llevaremos un paso más adelante el Yo Perfecto y exploraremos cómo identificar cuándo te has alejado de tu Yo Perfecto. Has estado leyendo sobre la conexión entre espíritu-mente-cuerpo/cerebro a lo largo de este libro, y ahora descubrirás cómo tu espíritu, mente y cuerpo responden a tus decisiones mediante las "zonas de incomodidad".

Como has estado aprendiendo en este libro, tu Yo Perfecto es tu modo único de pensar, sentir y decidir. El Perfil CU te ayuda a entender tu Yo Perfecto: tu particular mentalidad y las maneras en que piensas, sientes y decides. Al recorrer tu día, reaccionarás a los eventos y las circunstancias de tu vida, y construirás esas reacciones en tu cerebro como pensamientos reales y físicos. El modo en que piensas, sientes y decides reaccionar, y posteriormente construyes pensamientos, desarrollará o bloqueará tu Yo Perfecto. Tu perfil CU tiene un propósito triple: ayudarte a entender cómo piensas, sientes y decides de modo único; aumentar tu capacidad de autorregular de modo consciente y deliberado tus pensamientos, sentimientos y decisiones para mantenerte en consonancia con el Espíritu Santo; y ayudarte a entender cómo piensas, sientes y decides cuando estás operando en tu Yo Perfecto, de modo que puedas reconocer cuándo estás operando fuera de él. Hacia este fin, las zonas de incomodidad ayudan a facilitar estos tres propósitos. Miremos más de cerca cómo sucede todo esto.

Las zonas de incomodidad dan la voz de alarma

Estamos rodeados por evidencias del poder de la mente, en historias de nuestras propias vidas y en esas narrativas "que superan todo pronóstico" y que tanto nos gusta escuchar. De hecho, como seres humanos tenemos una fascinación interminable con el modo en que podemos utilizar nuestras mentes para cambiar cosas. Dios nos ha diseñado para que seamos vencedores de la carne y la conquistemos, pero hay un truco; la conquista de la carne tan solo es sostenible *en Cristo* (ver Romanos 7:24-25; 8:37; Gálatas 2:19-21).

Como mencioné al principio de este libro, tenemos una mente, vivimos en un cuerpo, y somos un espíritu. Nuestro espíritu tiene tres partes. Primero, nuestra *intuición*, donde el Espíritu Santo nos habla verdad y nos dirige, es donde reside nuestro "instinto" para pensar, sentir y decidir en el modo del Yo Perfecto. Segundo, nuestra *conciencia* es donde reside nuestra consciencia del bien y del mal. Tercero, nuestra *adoración* es donde reconocemos nuestra necesidad de ser inmersos en el amor de Dios; estamos diseñados para ser adictos a Dios.

Nuestras mentes, nuestra almas, también están compuestas por tres partes: nuestro intelecto, nuestras emociones, y el libre albedrío (pensar, sentir y decidir). El cuerpo incluye el cerebro y también el resto del cuerpo físico. Como ya hemos visto, la mente y el cerebro están separados. Mediante la mente podemos cambiar el cerebro. El cerebro y el cuerpo simplemente hacen lo que la mente y el espíritu les dicen que hagan.

Si la mente no está en consonancia con el diseño natural del Yo Perfecto mediante reacciones incorrectas y trauma, entonces el cerebro y el cuerpo pueden resultar dañados de diversas maneras, que se expresarán mediante genes y biología dañados. Posteriormente, la mente tiene que trabajar por zonas de daño en el cerebro y el cuerpo, y se establece un circuito tóxico de retroalimentación. Sin embargo, esto puede cambiar porque la mente es más poderosa que el cerebro. Esta capacidad del cerebro para cambiar como resultado del trabajo de la mente se denomina neuroplasticidad.

Las zonas de incomodidad son zonas en nuestro espíritu, mente y cuerpo que nos alertan cuando nos estamos alejando de nuestro Yo Perfecto. En otras palabras, hacen sonar la "alarma" en nuestra consciencia cuando nos salimos de la zona de amor y entramos en la zona de temor (ver capítulo 3). Estas zonas de incomodidad son una evidencia más del amor sin límite de Dios por nosotros, ya que son impulsos que nos recuerdan que nos mantengamos en nuestro Yo

Perfecto. Cuando utilizamos las zonas de incomodidad, nos sumergimos en un ambiente de amor, que en un nivel físico cambia nuestra química cerebral y cambia los 75-100 trillones de células de nuestro cuerpo. A su vez, esto nos da valentía para tratar nuestros problemas y desarrollar nuestras mentes.

En este capítulo vamos a abordar brevemente algunos de estos niveles de la zona de incomodidad para que puedas utilizarlos para reconocer cuando estás fuera de tu Yo Perfecto. Las zonas de incomodidad son "avisos" misericordiosos de parte de Dios para mantenernos en su zona de amor aumentando nuestra consciencia de nuestros pensamientos, sentimientos y decisiones, a fin de que podamos autorregularlos.

Hay cuatro **niveles de zona de incomodidad** principales que secuenciamos. Incluyen los siguientes, aunque no están limitados a ellos:

1. El nivel de zona de incomodidad de "solo consciente": cuando comienzas a ser consciente de la información y de tu reacción.

2. El nivel de zona de incomodidad de "bombeo de adrenalina, aceleración cardiaca": cuando interviene la reacción del estrés, la cual podemos hacer que trabaje a favor de nosotros (o contra nosotros) mediante nuestras decisiones, lo cual explicaré en más profundidad más adelante.

3. El nivel de zona de incomodidad de las "actitudes": son los pensamientos físicos reales, con información y emociones, que no pueden ser escondidos porque son reales, vivos, y generan energía saludable o tóxica que te afecta a ti, a tus seres queridos, y al mundo en que vivimos. Son las raíces de todas tus palabras y acciones.

4. El nivel de zona de incomodidad de "a punto de decidir": cuando tienes una alerta consciente de todos los pensamientos,

emociones vinculadas, el estímulo entrante, y tu actitud. Este es también el punto en el cual decides conscientemente interactuar con el Espíritu Santo y pedir consejo, o decides ignorar su consejo.

Estos cuatro niveles de zonas de incomodidad incorporan elementos del espíritu, la mente y el cuerpo.

El elemento espiritual de las zonas de incomodidad

El elemento espiritual de las zonas de incomodidad es cuando se activan los contrarios del fruto del Espíritu (ver Gálatas 5:22-23) en nuestra mente. Ellos forman nuestras alarmas espirituales; nos ayudan a reconocer que estamos en una zona de incomodidad y tenemos que aumentar nuestra concientización. Su información es tan útil que deberíamos memorizarlos.

1. *El amor*, que lo conquista todo y echa fuera el temor (ver 1 Juan 4:18), es el primer fruto del Espíritu. Cuando se produce lo contrario, cuando nos sentimos conquistados, desesperanzados y consumidos con la vida en la zona de temor, necesitamos aumentar nuestra concientización de si estamos operando en amor.

2. *El gozo* es nuestra fortaleza (ver Nehemías 8:10). Su contrario es cuando nos sentimos mentalmente y físicamente débiles, y carecemos de alegría.

3. *La paz* guardará nuestra mente en Cristo Jesús (ver Filipenses 4:8). Su contrario es cuando no tenemos paz, o si nos sentimos vulnerables y expuestos.

4. *La paciencia* es una obra perfecta (ver Santiago 1:4-8). Cuando nos sentimos impacientes con nosotros mismos y con los demás, puede inhibir nuestras acciones.

5. *La benignidad* debería reflejarse en cada parte de nosotros como portadores de la imagen de Dios (ver Salmos 136:1). Cuando murmuramos, somos críticos, nos ofendemos, somos celosos, y otras cosas semejantes, no reflejamos su benignidad.

6. *La bondad* es una característica clave de Jesús (ver Efesios 4:32). Si no estamos siendo genuinamente buenos con nuestro cónyuge, nuestra familia, colegas de trabajo, amigos, compañeros en el tráfico, e incluso un compañero en la fila de la compra, no estamos siguiendo el camino que Jesús nos mostró.

7. *La mansedumbre* no habla mal a nadie ni de nadie (ver Tito 3:2). ¿Cuán mansa fue tu respuesta a tus seres queridos en este día? La mansedumbre se hace querer y edifica, pero la falta de mansedumbre es dañina y provocará una respuesta de vergüenza emocional.

8. *La fidelidad* es algo que Dios nos muestra a lo largo del Antiguo y el Nuevo Testamento (ver Deuteronomio por 7:9; Juan 3:16). ¿Eres una persona fiable? ¿Huyes cuando enfrentas un reto? Ocultarte de problemas, del trabajo duro o de tus temores hará que te sientas infeliz e incómodo.

9. *El dominio propio* es una expresión de sabiduría (ver Proverbios 29:11). La falta de dominio propio puede inhibir la perseverancia (ver 2 Pedro 1:5-9) y conducir a un sentimiento de irritación y fracaso.

El elemento mental de las zonas de incomodidad

El nivel mental de las zonas de incomodidad se produce en superposición, desde tan solo ser consciente, como en el nivel 1 de incomodidad, hasta el nivel a punto de decidir de la zona 4 de incomodidad. La superposición es el punto cuando estás alerta conscientemente de la información entrante (eventos y circunstancias de la vida que llegan a ti mediante los cinco sentidos) e información próxima (tus recuerdos o pensamientos existentes), hasta el punto en el que autorregulas de manera deliberada, activa y dinámica tu modo de pensar, sentir y decidir, y construyes la memoria física (ver el esquema de resumen en el capítulo 9).

Cuando entras en superposición, comienzas evaluando los elementos espirituales en un nivel de profundidad cada vez más grande, y en esencia estás utilizando tu mente para evaluar tu estado espiritual en las cuatro zonas de incomodidad. Llegas a ser "solo consciente" de si estás operando o no en el fruto del Espíritu, respondes a la fuerte reacción física de si estás o no en el fruto del Espíritu, compruebas si tu actitud está en consonancia con el fruto del Espíritu, y ves si tus decisiones están guiadas por el fruto del Espíritu. Esto supone mucha autorregulación en superposición, lo cual es esencialmente llevar esos pensamientos cautivos a Cristo Jesús.

El elemento corporal de las zonas de incomodidad

El nivel corporal de las zonas de incomodidad refleja directamente el espíritu y la mente. Estas zonas de incomodidad son las respuestas físicas al espíritu y la mente en acción.

Por ejemplo, te sientes físicamente enfermo o como si te hubieran dado un puñetazo en el estómago, o desarrollas realmente una enfermedad. Se vuelven evidentes en tu estilo de vida porque el espíritu y la mente se expresan *mediante* el cuerpo. Pueden sentirse fácilmente debido a la incomodidad causada por la interrupción en el nivel regular, coherente y cómodo de los millones de complejas reacciones eléctricas, químicas y cuánticas de tu cuerpo, y de las transacciones que tienen lugar en cualquier momento.

La secuencia de las zonas de incomodidad por los cuatro niveles

Los anteriores elementos de incomodidad del espíritu, la mente y el cuerpo están englobados en las cuatro zonas de incomodidad. Si podemos entrenarnos a nosotros mismos para identificar y utilizar las cuatro zonas de incomodidad, estaremos en el camino de ser liberados de las cadenas de la toxicidad y de las actitudes de temor que producen. Estaremos encerrados cuando estamos fuera del Yo Perfecto, pero abriremos nuestro verdadero yo cuando estemos en el Yo Perfecto. Una de las maneras más sencillas de entrenarnos para permanecer en el Yo Perfecto es familiarizarnos íntimamente con estas cuatro zonas de incomodidad y cómo aparecen a lo largo de la ruta por la que pasa nuestro modo de pensar, sentir y decidir en el proceso de construir pensamientos físicos (los cuales, como recordarás, se convierten en la raíz de nuestras palabras y acciones). Para visualizar esta ruta, será una buena idea hacer referencia al diagrama "Dentro del cerebro", el cual te mostrará estas partes del cerebro a medida que las describo.

Impulsos de las zonas de incomodidad

1. Entrar en superposición y utilizar tu ventaja de perspectiva múltiple (MPA).

2. ¿Cómo está operando el fruto del Espíritu

   en el nivel de solo consciente?

   en el nivel de bombeo de adrenalina?

   en el nivel de actitud?

   en el nivel de a punto de decidir?

3. ¿Cómo te estás sintiendo físicamente? ¿Es diferente a como te sentías antes?

Las zonas de incomodidad entran en acción cuando recibimos información del ambiente mediante los eventos y las circunstancias de la vida. Esta información llega mediante nuestros sentidos, nuestro cuerpo y nuestros pensamientos; es a la vez interna y externa. La información entra en el cerebro y pasa a la corteza entorrinal, y es transmitida vía una estructura llamada el tálamo a la corteza exterior del cerebro, donde se almacenan los recuerdos (pensamientos). Esto es una nube cuántica literal de amplia actividad por el cerebro, la cual a nivel cuántico se denomina una "ondulación extendida de probabilidades".[1]

Las neuronas y las dendritas del cerebro tienen una estructura similar a una enramada y se ven como un bosque masivo de árboles enredados. Los pensamientos realmente parecen árboles, y con frecuencia los científicos hacen referencia a ellos como "los árboles mágicos de la mente", ya que siguen cambiando y creciendo momento a momento, como respuesta a nuestras experiencias. La información interna y externa vuela por esos "árboles" a velocidades tan rápidas que son cuánticas en naturaleza, y los científicos calculan que esas velocidades están en torno a 10^{27}. Este es el primer lugar donde se activa una actitud (un conjunto de pensamientos con información y emociones). La actitud es literalmente "encendida" cuando la información pasa por la memoria como "la brisa entre los árboles".

Tu cerebro ahora es capaz de darle sentido a la nueva información. Tu pensamiento y sentimiento dirigen un proceso de conexiones de referencia con experiencias y memorias previas. Esta acción metacognitiva es orquestada por la autorregulación dinámica y activa (ver capítulo 5). Un recuerdo que sea similar o esté vinculado de alguna manera a la información entrante será experimentado como un sentimiento sutilmente cálido y feliz si es un buen recuerdo, o como una advertencia o sentimiento de inquietud si es un mal recuerdo.

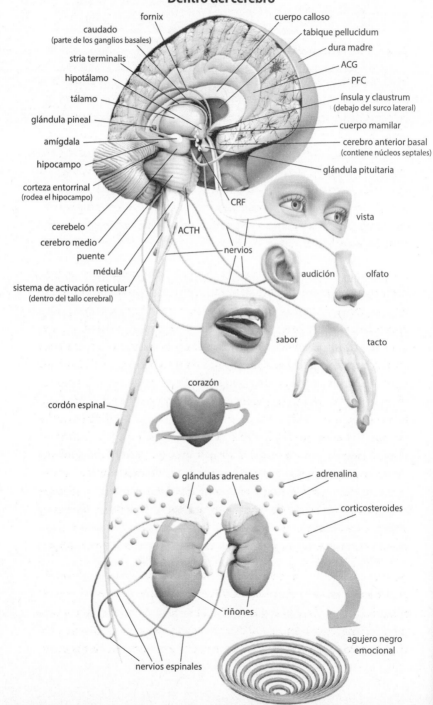

Ilustración 8.1
Dentro del cerebro

fornix
cuerpo calloso
caudado
(parte de los ganglios basales)
tabique pellucidum
stria terminalis
dura madre
hipotálamo
ACG
PFC
tálamo
ínsula y claustrum
(debajo del surco lateral)
glándula pineal
cuerpo mamilar
amígdala
cerebro anterior basal
(contiene núcleos septales)
hipocampo
glándula pituitaria
corteza entorrinal
(rodea el hipocampo)
CRF
vista
cerebelo
ACTH
cerebro medio
nervios
puente
médula
audición
olfato
sistema de activación reticular
(dentro del tallo cerebral)
sabor
tacto
corazón
cordón espinal
glándulas adrenales
adrenalina
corticosteroides
riñones
agujero negro
emocional
nervios espinales

Zona 1 de incomodidad: solo consciente

Si el recuerdo es negativo, tendrás sentimientos de inquietud, y la paz del elemento espiritual de la zona de incomodidad quedará interrumpida. Este es el primer punto donde la autorregulación de tu zona de incomodidad espiritual es alertada a nivel no consciente. Se desarrollará la incomodidad, obteniendo energía suficiente para afectar tu mente consciente e influenciarla. Aún no puedes llegar a ubicar "eso", pero algo está comenzando a suceder en tu cerebro a nivel no consciente y está moviéndose hacia tu alerta consciente. Este elemento espiritual activa el nivel de "solo consciente": la primera zona de incomodidad.

Necesitamos responder en nuestra mente a estos momentos de solo consciente, que son como golpecitos espirituales en el hombro que nos recuerdan que nos autorregulemos y nos preguntemos: *¿Estoy operando en amor, gozo, paz, paciencia, benignidad, bondad, mansedumbre y dominio propio?* Nunca ignores estos golpecitos espirituales en el hombro, porque los pensamientos son vivos, reales y dinámicos, y producirán fruto sano o fruto tóxico. Lleva cautivo ese pensamiento antes de que te agarre, ¡de modo que no tengas que hacer trabajo extra después para liberarte de sus garras! Este paso es importante porque está en el nivel epigenético (en otras palabras, por encima de la expresión genética de algo). Esto significa que se está desarrollando un ambiente fuera del nuevo recuerdo que está a punto de construirse, y que va a influenciar exactamente cómo va a verse y sentirse el recuerdo: sano (basado en el amor) o tóxico (basado en el temor); y tú puedes controlar este proceso. Tu mente afecta qué genes se expresan en tus neuronas, y también cuándo y cómo son expresados.

Se construye un recuerdo cuando sucede la expresión genética, la cual ocurre cuando *decidimos*. Decidir hace que se formen pensamientos físicos. Tu cerebro está diseñado para responder al conocimiento, y necesitas detectar si esta información es buena o mala para ti, o de otro modo construirás con tu mente conocimiento tóxico en

264 TU YO PERFECTO

tu cerebro. Esencialmente, este nivel de casi consciente es parecido a una vista previa del modo en que la información influenciará tus sentimientos acerca de la información, pero es muy sutil; aún no es un pensamiento consciente.

Consejo de la zona 1 de incomodidad (solo consciente)

Analiza este estímulo de amor o temor del que estás comenzando a estar alerta en tu mente consciente, este testimonio en tu Yo Perfecto, y a llevarlo a tu alerta consciente. Esta es una anticipación incorporada en tu Yo Perfecto, la parte regulatoria de ti, que está respondiendo al conocimiento entrante y existente. Es una anticipación de temor o de amor que comienza a acumularse en ti.

¿Qué zona de incomodidad espiritual, qué fruto del Espíritu, se está desviando? ¿Te sientes ligeramente incómodo, o comienza a desvanecerse tu alegría? Utilizando tu zona de incomodidad mental, ¿de qué pensamientos estás comenzando a estar alerta en este momento? ¿Qué sentimientos están produciendo con ellos? Ahora, enfócate rápidamente en tu cuerpo. ¿Comienza a acelerarse su ritmo cardiaco, y comienzas a sentirte tenso? De modo deliberado e intencional sintoniza con tu espíritu, mente y cuerpo para ver lo que te están diciendo.

La zona de casi consciente tiene el propósito de dar comienzo al proceso de proteger y guardar tu mente. El elemento espiritual nos muestra si estamos en amor o temor, gozo o paz, y así sucesivamente. El elemento mental es la alerta autorreguladora de la información entrante y próxima. El elemento corporal incorpora el acompaña-miento físico a los elementos espiritual y mental.

Como hemos visto a lo largo de este libro: "tóxico entra, tóxico sale". Te alejarás de tu Yo Perfecto si tienes una mentalidad tóxica, la cual proviene de no controlar lo que estás pensando. Si el conocimiento y los pensamientos entrantes son buenos, sanos, y están basados en el amor, tu don y tu sabiduría se desarrollarán aún más. Pero si la información es negativa y está basada en el temor, puede derivar en daño neurofisiológico, produciendo estrés tóxico, el cual se manifies-ta de alguna manera físicamente, mentalmente, o de ambas maneras.

Necesitamos recordar que cada pensamiento tiene un componente emocional vinculado, una "firma química". Estos péptidos, pequeñas proteínas que son mensajeras químicas, son iniciadas por la parte del cerebro que yo denomino la fábrica química: el hipotálamo, que se encuentra en lo profundo de la mitad del cerebro. El hipotálamo tie-ne multitud de "recetas" para las actitudes, formadas por la firma quí-mica de los pensamientos y su emoción vinculada. Utiliza los pépti-dos para crear una firma química para cada actitud; por lo tanto, el hipotálamo traduce la actitud a una realidad física en el cuerpo vía los neuroquímicos. Si la actitud está basada en el amor, es estupen-do; pero si es tóxica, lanzará al cuerpo en cascada a un caos químico, porque estamos alambrados para el amor y no tenemos verdaderas "recetas" para la toxicidad. Y cuando agarramos el posible crecimien-to de un pensamiento tóxico antes de que se forme una actitud, esta es la mejor manera de evitar un bloqueo en nuestro Yo Perfecto.

Pero ¿qué sucede cuando un pensamiento tóxico echa raíces y sí cre-ce, porque no lo agarraste en la zona de incomodidad de solo cons-ciente? Después de la zona 1 de incomodidad, fluyen las sustancias químicas, los niveles eléctrico y cuántico aumentan en energía, y co-mienza la zona 2 de incomodidad de bombeo de adrenalina y acele-ración cardiaca.

Zona 2 de incomodidad: bombeo de adrenalina y aceleración cardiaca

Estas sustancias químicas se llaman "moléculas de emoción e información",[2] y son responsables, junto con las dinámicas de la física cuántica, de transportar las emociones que estás sintiendo a otra parte de tu cerebro, la amígdala, que está cerca de la fábrica química. Por lo tanto, una vez más vemos una reacción química en la actividad mental. Estas señales activan la amígdala, que es como una biblioteca en el cerebro que alberga las percepciones emocionales que has construido con tu mente. Las dos amígdalas tienen aproximadamente el tamaño de almendras. Trabajan muy de cerca con el hipotálamo, el cual responde a la mente, supervisando el flujo de químicos y actitudes. Sin duda, incluso aquí vemos nuestra singularidad, ya que cada uno tiene su propio balance y su propio diseño químico interior, que se ven afectados por la naturaleza, el desarrollo y, lo más importante, nuestra manera única de pensar: nuestro Yo Perfecto. Podemos mejorar o perjudicar nuestro propio balance solo por nuestros pensamientos. ¿No es eso asombroso?

Cuando la firma electroquímica y cuántica que es activada por un pensamiento en la parte más externa del cerebro llega a la biblioteca de las percepciones emocionales, la amígdala, sentirás una fuerte reacción física porque es aquí cuando comienza la reacción de estrés. Sustancias químicas del estrés comienzan a fluir en esta zona de incomodidad. Hacen que tu corazón se acelere y envían adrenalina por todo tu cuerpo. Sientes una ráfaga de enfoque de alerta y de consciencia que casi te hace sentir eufórico. También se libera cortisol, agudizando la cognición; tus músculos se tensan y tu respiración se vuelve rápida y poco profunda. Esta respiración empuja oxígeno extra a tu cerebro para mejorar tu pensamiento y recuperación de recuerdos. Estás siendo preparado para pensar con claridad y tomar una buena decisión; *sin embargo, solamente si percibes que el modo en que sientes en ese momento es bueno para ti.*

Sí, ¡el estrés realmente puede ser bueno para ti! Solo se vuelve tóxico cuando piensas que es malo para ti.[3]

¿Qué quiero decir con eso? Bueno, como he destacado a lo largo de este libro, hay mucha investigación sobre la conexión entre cuerpo y mente, entre lo físico y lo emocional, y hay estudios que demuestran que el trauma psicológico afecta a la actividad de muchos genes. Las investigaciones han descubierto un vínculo entre el microARN (el ARN regulatorio del que hablé anteriormente) y las situaciones estresantes: el estrés y la ansiedad darán como resultado una respuesta inflamatoria, y aumentarán de manera drástica los niveles de expresión de los reguladores microARN de inflamación en el cerebro y en el intestino, de modo que la inflamación aumenta.[4]

Esta reacción de estrés en sí misma no es mala. Tu percepción del estrés es lo que hace que trabaje a favor o en contra de ti, lo cual significa que puedes controlar las reacciones de tu cuerpo con tu mente, ¡incluso la reacción de estrés! Es aquí donde intervienen los elementos espiritual (el fruto del Espíritu), mental (superposición) y corporal (reacciones físicas) de la zona 2 de incomodidad. Úsalos para ayudarte a desarrollar la percepción correcta del estrés, y sigue leyendo para descubrir por qué esto es tan importante.

Según las investigaciones, si cambias tu opinión acerca del estrés, puedes cambiar la respuesta de tu cuerpo al estrés. Un estudio ha demostrado que si crees que el estrés es dañino para tu salud, tus temores pueden aumentar tu probabilidad de enfermedad y muerte en un 43 por ciento.[5] Este estudio calculó que un promedio de veinte mil personas mueren cada año debido a la creencia en que el estrés en sí es tóxico. Sin embargo, ¡hay buenas noticias! Los individuos que no creían que el estrés fuera malo para ellos disminuyeron su riesgo de muerte.

268 TU YO PERFECTO

Consejo para la Zona 2 de incomodidad
(bombeo de adrenalina y aceleración cardiaca)

Cuando tengas estrés, decide ver tu mayor aceleración cardiaca como un modo de llevar más sangre, oxígeno y nutrientes a tu cerebro para poder pensar con más claridad. Considera tu aceleración cardiaca como el llevar más oxígeno y sangre a tu cerebro para aumentar tu profundidad de pensamiento y, por lo tanto, de sabiduría. Considera la mayor tensión en tus músculos como una preparación para la acción. Considera la ráfaga de adrenalina como un descenso en tu tiempo de respuesta y un aumento en tu agudeza mental. Así, en superposición, decide ver la respuesta del estrés como un diseño amoroso por parte de Dios para ayudarte a estar a la altura de los retos de la vida, y haz lo que dice en Santiago 1:2-4, que es alegrarte a pesar de las circunstancias. Decide en superposición permitir que el fruto del Espíritu crezca y forme columnas en tu mente. Decide recordar la naturaleza de Dios, que es amarte y guiarte por los problemas de la vida. Practica esto de modo consciente y deliberado, utilizando tu autorregulación activa y dinámica cada día, y en sesenta y tres días habrás actualizado un patrón o un hábito para manejar el estrés de esta manera. Cuando te encuentres en una situación estresante, acércate inmediatamente y sirve a otros, a la vez que decides ver tu situación como algo que puedes manejar, ya que eres más que vencedor en Cristo (ver Romanos 8:37).

De manera similar, otro estudio mostró que cuando consideramos la respuesta de estrés como algo positivo, eso cambia realmente las respuestas físicas del cuerpo.[6] Por ejemplo, si consideras el estrés como bueno para ti, entonces los vasos sanguíneos que rodean tu corazón se dilatarán en lugar de estrecharse, aumentando así el flujo de sangre y oxígeno a tu cerebro, en lugar de disminuirlo. Lo primero aumentará el fruto del Espíritu y la claridad cognitiva, la confianza y la inteligencia; lo segundo te situará potencialmente en riesgo de una situación cardiovascular, incluso puede que un derrame. Como mínimo, tu fluidez cognitiva disminuirá y te sentirás confuso.

Más investigaciones han demostrado que interesarte por otros en tu estado de necesidad aumenta tu resistencia y reduce tu riesgo de muerte. Por lo tanto, en lugar de que una importante experiencia estresante (como dificultades financieras o un problema familiar) aumente el riesgo de muerte en un 30 por ciento, interesarse por los demás reducía ese riesgo.[7] Una creencia acerca del estrés puede marcar una diferencia inmensa en la expectativa de vida de alguien.[8] Estos estudios también han descubierto que el modo en que percibes y reaccionas a eventos estresantes es más importante para tu salud que la *frecuencia* con que encaras el estrés.[9] Pequeñas dificultades pueden acumularse para tener influencia en tu salud si te mantienes demasiado tiempo en el estrés tóxico, y esto puede causar que se desintegren células nerviosas y la memoria. El estrés tóxico puede desencadenar una cascada de reacciones destructivas dentro de una célula nerviosa, causando a veces incluso "suicidio celular". Estas reacciones pueden manifestarse en síntomas de ansiedad, depresión, o incluso enfermedad física (recordemos el Árbol del Temor en la página 61). Tales síntomas bloquean tu Yo Perfecto. Otras investigaciones muestran que tenemos genes en el hipocampo (la parte del cerebro involucrada en la conversión de memoria de corto plazo a memoria de largo plazo) que son activados cuando estamos en modo estrés para ayudarnos a lidiar con el estrés. Pero si consideramos la reacción de estrés como negativa, los genes se apagan en lugar de encenderse.[10]

De hecho, durante periodos de estrés, la investigación demuestra ¡que una de las mejores cosas que podemos hacer es actuar como Jesús e interesarnos por otras personas![11] Esto no es sorprendente, ya que la compasión es una característica clave de una mentalidad alambrada-para-el-amor, la cual no puede coexistir con una mentalidad egoísta de temor. Es, después de todo, como hemos sido creados para vivir: en comunidad, involucrados en las vidas los unos de los otros (ver Marcos 9:35; Hechos 20:35; Filipenses 2:1-11; 1 Pedro 4:10). Como dice Pablo en Gálatas 5:14: *"Porque toda la ley en esta sola palabra se cumple: Amarás a tu prójimo como a ti mismo".*

Nuestro Yo Perfecto se bloquea en el aislamiento, pero se desarrolla como parte del cuerpo de Cristo (ver 1 Corintios 12:12; Romanos 12:4; Efesios 4:16). Si quieres vivir la buena vida, tienes que aprender a seguir el modelo de servicio de Cristo (ver Mateo 20:28). Verdaderamente, no tiene caso ser "talentoso" o "único" (tu Yo Perfecto) si vives en un universo de una sola persona.

Zona 3 de incomodidad: actitud

La tercera zona de incomodidad trata de las *actitudes* establecidas, las cuales son recuerdos a largo plazo con sus emociones entrelazadas. Estas actitudes pasan a la mente consciente de modo que puedes llegar a estar alerta de ellas. Recuerda: son pensamientos físicos con información y emociones, de modo que sintoniza con lo espiritual (fruto del Espíritu), la mente (superposición), y el cuerpo (reacciones físicas).

No pueden ocultarse porque están vivas y generan energía que es sana o tóxica. Son las raíces de todas tus palabras y acciones, y dan vueltas por tu mente no consciente, cobrando ímpetu y energía a medida que tú las activas mientras piensas profundamente.

Pero, como he enfatizado a lo largo de este libro, no tienes que permitir que tus pensamientos te controlen. No eres una víctima de tus pensamientos y de su biología; eres un vencedor sobre ellos. ¡Eso significa que puedes cambiar esos pensamientos! Puede que hayas estado alimentando esas mentalidades negativas por tanto tiempo, que te resultan tan familiares que crees que son normales. Con frecuencia cometemos ese error. Sin embargo, solo los pensamientos formados cuando estás en tu Yo Perfecto, desde la perspectiva de Dios, son normales, mientras que el resto necesita un rediseño o, para utilizar el término científico, *reconceptualización*. Puedes analizar tus pensamientos y, debido a la neuroplasticidad del cerebro, rediseñarlos y reubicarlos. Esto es "renovación de la mente" en acción, y con la guía del Espíritu Santo es una parte esencial de una vida sana y buena. Ciertamente, es la gracia encontrándose con la ciencia, ya que la investigación demuestra que la alerta consciente de pensamientos hace que los pensamientos estén susceptibles al cambio ¡porque están físicamente debilitados![13]

Consejo de la zona 3 de incomodidad (actitud)

No solo reacciones a la actitud que se está formando (un pensamiento con emociones entrelazadas), sino *utiliza lo espiritual (fruto del Espíritu), la mente (superposición), y el cuerpo (reacciones físicas) para autorregular esa actitud: mantenerla si es sana o eliminarla si es tóxica.* Debido a que una actitud es un conjunto de pensamientos con sus emociones relacionadas, es muy importante evaluarla; una actitud tóxica te alejará de tu Yo Perfecto y afectará tu capacidad de decidir bien y con sabiduría. Si es necesario, reconceptualiza la actitud tóxica. Y si eso no funciona la primera vez, hazlo de nuevo; y una y otra vez. La ciencia demuestra que necesitas practicar el uso de algo o el estudio de algo al menos siete veces al día durante sesenta y tres días antes de poder ser capaz de utilizar la información o realizar la habilidad.[12]

Por ejemplo, puede que fueras abusado de niño y descubres que tus emociones son activadas cada vez que comienzas una nueva relación, afectando tu capacidad de conectar con tu pareja. O puede que hayas tenido miedo a las matemáticas durante años, y en cuanto entras a la clase de matemáticas, surgen emociones de ansiedad y temor, dando como resultado una actitud negativa, menor concentración y mal desempeño que perpetúan el ciclo negativo de aborrecer las matemáticas. En estos casos, es imperativo que manejes el pensamiento activado, o se sumergirá otra vez en la mente no consciente incluso con más fuerza que antes, y se convertirá en parte de tu dinámico y poderoso sistema de creencias. Esto afectará a tu Yo Perfecto y a tu capacidad de llevar una vida normal.

Desde luego, puede que suene abrumador intentar captar todas tus actitudes de este modo. Pero cuando entiendes que puedes escoger científicamente aquello que se convierte en *parte de quién eres*, también entenderás que tienes una oportunidad asombrosa de ser la persona que quieres ser.

Zona 4 de incomodidad: a punto de decidir

Este proceso de desarrollar una consciencia del impacto de nuestras actitudes establecidas (hábitos/sistemas de creencia atrincherados) nos ayuda a entender lo que realmente nos hace un mal hábito, y es aquí donde la zona 4 de incomodidad entra en escena: es la zona de incomodidad de "a punto de decidir" donde estás en una superposición muy activa y esencialmente basas tus decisiones en las actitudes que surgen (zona 3 de incomodidad), la información entrante, y sabiduría del Espíritu Santo por medio de lo espiritual (fruto del Espíritu), y lo corporal (reacciones físicas). Por lo tanto, la zona 4 de incomodidad trabaja de la mano con las zonas 1, 2 y 3 de incomodidad.

La consciencia alerta de lo que está sucediendo en tu mente en este punto, es decir, una consciencia dispuesta e intencional a dirigirte hacia tus experiencias en el espíritu interior, la mente y el cuerpo, es una manera mucho más eficaz de manejar el estrés tóxico que intentar cambiar tus reacciones tóxicas de manera distraída. Por lo tanto, en la zona 4 de incomodidad, cuando eres muy intencional, consciente y alerta en tu espíritu, mente y cuerpo, tienes que ser particularmente consciente de lo que vas a decidir basándote en la información entrante, los pensamientos que se forman, y la conversación con el Espíritu Santo.

Estudios que utilizaron fRM muestran que la red autorreferencial del cerebro, denominada red de modo por defecto (DFM, por sus siglas en inglés), está activa todo el tiempo, pero en particular cuando apagamos lo externo y encendemos lo interno durante el pensamiento meditativo profundo. Esta zona se activa cuando quedamos absortos: atrapados en nuestros pensamientos y consumidos por ellos. Cuando estamos en este estado de superposición o de "a punto de decidir", que es la cuarta zona de incomodidad, si decidimos pedir al Espíritu Santo que nos ayude a enfocarnos, podemos calmarnos, soltar y dar un paso atrás, y salir del proceso siendo conscientes de la necesidad de su sabiduría y su guía. Aumentamos nuestras capacidades intuitivas y parece que estamos fuera de nosotros mismos, el caos de locura de nuestro pensamiento se calma, y esta misma región (DFM) responde en consecuencia.[14]

Cuando tomamos una decisión, la biblioteca perceptual emocional (la amígdala, mencionada anteriormente) no siempre proporciona la verdad precisa, porque trabaja sobre percepciones que hemos incorporado a nuestra mente mediante nuestras decisiones y reacciones, y las percepciones humanas algunas veces son falsas. De hecho, las emociones almacenadas en esta biblioteca de la amígdala pueden ser bastante peligrosas si permitimos que nos controlen.

Consejo de la zona 4 de incomodidad (a punto de decidir)

Estás en superposición activa. Decides bien al observar de manera intencional y deliberada tus propios pensamientos, sentimientos y respuestas corporales. Intuitivamente y de modo deliberado decides pedir al Espíritu Santo que te ayude a tomar decisiones acerca de tus pensamientos y emociones. Sé consciente de lo que está sucediendo en tu mente y tu cuerpo en el momento de decidir. ¡Así es como llevas cautivo cada pensamiento!

Por lo tanto, ¿qué deberíamos hacer para decidir bien? Necesitamos recordarnos a nosotros mismos de manera consciente e intencional que Dios nos ha dado todo lo que necesitamos (ver 2 Pedro 1:3). Él nos ha dado una manera de manejar toda situación, de modo que no deberíamos tomar decisiones sin Él. En superposición, necesitamos pedir a Dios conscientemente sabiduría y enfoque sobre el fruto del Espíritu. Practica esto durante sesenta y tres días, y se convertirá en un hábito. Al hacerlo, nos aprovechamos de un circuito que Dios ha incorporado en nuestro cerebro y que funciona entre la amígdala y la parte frontal del cerebro llamada corteza prefrontal (CPF), la cual está situada más o menos detrás de las cejas. Operando de una manera muy similar a una balanza, este circuito responde al equilibrio entre razón y emoción. Esto se debe a que el lóbulo frontal, del cual es parte la CPF, está conectado directamente a todas las otras partes del cerebro y, por lo tanto, se vuelve muy activo cuando autorregulamos conscientemente. La CPF también tiene a su mando el cerebo anterior basal que activa todos los circuitos de procesamiento en el cerebro. Maneja, coordina e integra todas las otras zonas cerebrales cuando la mente está en acción mediante pensar, sentir y decidir.

La CPF es muy activa cuando razonamos y entendemos nuestros propios pensamientos acerca de nosotros mismos.[15] Utilizamos este circuito de CPF-amígdala para controlar las intensas emociones y respuestas de estrés en nuestro cuerpo; es parte del circuito del amor descrito anteriormente. Hacemos esto razonando la situación que tenemos delante, en nuestra mente y en voz alta, casi como si estuviéramos fuera de nosotros mismos *pensando en nuestro propio pensamiento*. Si no hacemos esto, caeremos presa de la zona del temor descrita anteriormente. Si controlamos el temor, el cuerpo estriado se activa. Esto causa que sintamos calma, tranquilidad y seguridad, permitiéndonos así alegrarnos a pesar de nuestras circunstancias. Por lo tanto, reconocer nuestros pensamientos, sentimientos, recuerdos existentes y reacciones corporales es de importancia fundamental, porque las emociones son químicos dinámicos que fluyen a la corriente sanguínea entre células, y depositan información sobre la memoria en las células. Esto también sucede mediante la acción cuántica porque el cerebro es como una computadora cuántica biológica. Si suprimimos una emoción, explotará en algún otro lugar. Esto se debe a que el eje del hipotálamo-pituitaria-suprarrenal (HPS) será interrumpido y funcionará de manera anormal. Este eje HPS[16] implica al hipotálamo y las glándulas pituitarias en el cerebro y las glándulas suprarrenales por encima de los riñones. Este circuito es el que se activa de una manera cíclica y compleja de tensión y liberación, mientras estamos respondiendo a la vida durante todo el día.

Cuando seamos consciente de nuestras zonas de incomodidad, estaremos menos interesados en el sistema de actitud/hábito/creencia y más interesados en lo que el Espíritu Santo tiene que decir acerca de situaciones en nuestras vidas y nuestras actitudes existentes. Aprendemos, al escuchar conscientemente a nuestro espíritu y cuerpo, a ver el pleno impacto tóxico que tiene el pensar, sentir y decidir en nuestra vida.[17] Literalmente, quedamos desencantados con la manera errónea de pensar, sentir y decidir, haciendo que sea más fácil soltar nuestro dolor y nuestro pensamiento tóxico y entrar en nuestro yo verdaderamente perfecto: el Yo perfecto. Cuando entendemos que nosotros controlamos nuestro dolor, nuestro pensamiento tóxico y nuestros sentimientos y reacciones incorrectas, cuando verdaderamente entendemos que ellos no nos controlan, somos hechos libres para comenzar a correr la carrera de Dios y reflejar su gloriosa imagen.

Todos tenemos la oportunidad de decidir caminar en el Yo Perfecto que Dios nos ha dado, a pesar de nuestras circunstancias.

9

Esquema del Yo Perfecto

En este capítulo encontrarás un resumen de lo que has estado leyendo hasta este punto, como manera de ayudarte a reunir todos
los conceptos en una sola imagen. Traza el proceso desde el punto
en que te enfocas en la información hasta el punto en que tomas las
decisiones. Verás cuatro columnas que leerás de izquierda a derecha.
La primera columna habla de las cinco etapas de la señal entrante de
los eventos, las circunstancias de la vida, y los recuerdos existentes.
La segunda columna traza la filosofía y la ciencia de todo esto. La
tercera columna proporciona algunos ejemplos, y la cuarta columna
te muestra cómo utilizar las zonas de incomodidad para mantenerte
en tu Yo Perfecto.

Entrada: Externa e interna	Ciencia y filosofía del Yo Perfecto	Ejemplo	Zonas de incomodidad
1. El estímulo, desde el mundo externo (eventos y circunstancias de la vida), el mundo interior (pensamientos/ recuerdos), o ambos, pone en acción la mente y activa el cerebro.	La señal cuántica se mueve por el filtro del diseño único de tu cerebro, y estás en sintonía para responder de tu manera exclusiva. Tú eres el agente causal de los cambios que están a punto de producirse en tu cerebro y ser expresados mediante tus palabras y/o acciones.	1. El médico te hace un diagnóstico. 2. Tienes una discusión con un familiar. 3. Recibes un correo electrónico de tu jefe. 4. Tienes que tomar una decisión en una relación.	Zona 1 de incomodidad (nivel casi consciente) Se activa tu procesamiento único de los eventos y las circunstancias. Pasa por el filtro de tu Yo Perfecto, de modo que tu percepción y tu interpretación especializada que intervienen en el lente mediante el cual comienzas a ser consciente de la información entrante y ascendente. Esta consciencia de tu Yo Perfecto resulta en un sentimiento de paz o de incomodidad.
2. Acción no consciente como respuesta al estímulo: son seleccionados recuerdos que están relacionados de alguna manera con la información entrante.	La acción metacognitiva del Yo Perfecto o el nivel no consciente es orquestado primero por la autorregulación dinámica del Yo Perfecto. Tu mente no consciente busca (creación e identificación de patrones) sistemas descriptivos (pensamientos/recuerdos) del Yo Perfecto relacionados para intentar dar sentido a la señal entrante. Estos recuerdos proporcionarán conocimiento sobre la situación y son los sistemas de creencia y las actitudes que serán filtrados mediante la información entrante. La respuesta de estrés de tu mente y tu cuerpo aparece a velocidades cuánticas. Si estuvieras conectado a una imagen cerebral, habría evidencia de acción no consciente unos 350-550 milisegundos antes de estar conscientemente atento a tu pensamiento.	Estás en una superposición (zona 1 de incomodidad de casi consciente) donde comienzas a ser consciente, pero no *plenamente* consciente aún de la información entrante y ascendente.	1. Usa la zona 1 de incomodidad para ser consciente de las respuestas de tu espíritu, mente y cuerpo, y comienza a evaluar lo que estás pensando y sintiendo. 2. Recuérdate a ti mismo que el estrés es bueno para ti y te hace más enfocado y alerta para ser capaz de atravesar la situación. Entrénate durante sesenta y tres días para hacer que la respuesta de estrés funcione para ti y no contra ti.

Entrada: Externa e interna	Ciencia y filosofía del Yo Perfecto	Ejemplo	Zonas de incomodidad
3. Los pensamientos comienzan a moverse hacia la mente consciente.	1. Esto sucede mediante reconocimiento del patrón y resulta en la activación del sistema descriptivo relacionado (pensamientos que tienen energía suficiente para pasar a la mente consciente porque fueron implantados profundamente). Cualquier cosa en la que pienses repetidamente durante sesenta y tres días (tres ciclos de veintiuno) se vuelve automatizada (un hábito). 2. Interactúa la autorregulación dinámica y eres plenamente consciente de la información próxima y entrante. Tu acción mental aumenta a medida que piensas y sientes. Esto se denomina *superposición* en la física cuántica, donde las partículas están en el estado de 1 y de 0 al mismo tiempo, de modo que aún no ha sucedido nada porque todavía no se ha tomado ninguna decisión. Hay un número infinito de probabilidades, tanto buenas como malas, entre las que se puede escoger. Estas probabilidades pueden describirse según la ondulación de probabilidades de Schrödinger. 3. Cuando tomas la decisión, se expresan genes y construyes un nuevo recuerdo/pensamiento de esta experiencia, que se está convirtiendo en una cosa física en tu cerebro compuesto de proteínas.	Comienzas a sentir el impacto de la respuesta del estrés. Puedes sentir todos o algunos de los siguientes: tu corazón late más deprisa, se bombea adrenalina, se dilatan tus pupilas, estás extremadamente alerta, sientes como si te hubieran dado un puñetazo en el estómago, sientes náuseas, o tienes tensión muscular en el cuello, la garganta y la espalda. Puede que pienses: *¡Oh, no!* cuando surgen en tu mente consciente recuerdos de la clase de matemáticas, del incidente, del lugar, de discusiones, etc. Estas cosas se convierten en las probabilidades entre las que puedes escoger; y cuando decides, creas realidades.	Estás en la zona 2 de bombeo de adrenalina y aceleración cardiaca. 1. Recuerda ver la respuesta de estrés como una cosa buena, y haz que todas las reacciones físicas trabajen para ti y no contra ti. 2. Desarrolla un alcance activo del Yo Perfecto, que es algo a lo que puedes regresar automáticamente o anclarte en ello y reorientarte. Sugiero el ejercicio de gratitud, alabanza y adoración (ver página 250)

Zonas de incomodidad

Entrada: Externa e interna	Ciencia y filosofía del Yo Perfecto	Ejemplo	
4. Libre albedrío activo: se toman decisiones intencionales.	Cuando se toma una decisión, se genera una señal que causa expresión genética, se forman proteínas, y el recuerdo es grabado en el cerebro, causando cambio estructural. En términos de física cuántica, la ondulación colapsa cuando se escoge una probabilidad y se crea una realidad.	1. Decides mantenerte calmado y trabajas razonablemente en una solución o pierdes los nervios y gritas, surge una pelea, y se establece un patrón de respuestas. 2. Te derrumbas con temor bajo el peso de todas las cosas negativas que pueden suceder como resultado de tu diagnóstico, o te aferras a las Escrituras de sanidad una vez más hasta que se forma un hábito. En cualquier momento, este pensamiento puede ser cambiado.	Estás en las zonas de incomodidad 3 (actitud) y 4 (a punto de decidir). Por ejemplo, quizá saltas de la cama y verbalizas "¡Oh, no!" como respuesta a una situación; ahora: 1. Está alerta conscientemente de tus pensamientos y sentimientos internos que están ascendiendo. 2. Está alerta conscientemente de tus palabras y conductas, especialmente de tus hábitos. 3. Evalúa las probabilidades con el Espíritu Santo. Apóyate en versículos que hayas memorizado. 4. Usa las zonas de incomodidad para mantenerte en tu Yo Perfecto, y haz que el estrés funcione a tu favor y no contra ti. 5. Haz una comprobación de la zona 3 de incomodidad (actitud). Está alerta conscientemente de qué actitudes estás expresando.

Entrada: Externa e interna	Ciencia y filosofía del Yo Perfecto	Ejemplo	Zonas de incomodidad
5. El impacto del estímulo es ahora procesado conscientemente, y se están creando ciclos de decisiones cada pocos segundos.	Este es el ciclo de pensar, sentir y decidir que sucede continuamente. La acción cognitiva consciente impulsada por la acción metacognitiva está a pleno rendimiento. Tu cerebro recibe mucha actividad y te mueves cada pocos segundos para pensar, sentir y decidir a medida que amplías la memoria con la nueva información que entra. Es el colapso de la función de la ondulación mediante tu modo de pensar, sentir y decidir; y está cambiando tu cerebro. Necesitas aumentar tu concientización y así reforzar tu autorregulación activa y dinámica.	Por ejemplo, una discusión por teléfono o cara a cara te provee más información que estás añadiendo a tus pensamientos sobre este incidente. Cualquier cosa en la que más pienses crecerá en tu cerebro, de modo que si lo rumias diariamente, lo convertirás en un recuerdo a largo plazo. Si el recuerdo es preocupación tóxica y pensamiento temeroso sobre todas las cosas malas que pueden suceder a esa persona, tu discernimiento para pensar, sentir y decidir bien se verá comprometido. Si piensas pensamientos sanos y te alegras a pesar de las circunstancias, entonces construirás pensamientos sanos y, por lo tanto, realidades en tu cerebro mientras de modo consciente e intencional refuerzas tu evaluación consciente de la situación.	1. Está alerta conscientemente de tu modo de pensar, sentir y decidir, de tus palabras, conductas y hábitos. 2. Mientras más deliberado seas en este punto sobre considerar objetivamente, con la ayuda del Espíritu Santo, todas las probabilidades, disciplinarte para calmarte y evaluar cada una de ellas, más te moverás hacia tu Yo Perfecto.

10

Ejercicios del Módulo
Metacognitivo de tu Yo Perfecto

Cada vez que piensas, eso cambia activamente tu cerebro y tu cuerpo para mejor (dentro de tu Yo Perfecto) o para peor (fuera de tu Yo Perfecto). Cuando tomas malas decisiones, conjuntos de pensamiento tóxico con sus emociones vinculadas causan que te alejes de tu Yo Perfecto, y este resbalón afecta a tus pensamientos, palabras y acciones. Cada vez que operas de acuerdo con tu Yo Perfecto, estás operando en tu diseño perfecto, reflejando una parte particular de la imagen de Dios. Esto es lo que descubriste cuando hiciste tu Perfil CU.

Tú puedes decidir si te gustaría cultivar un árbol de actitud de amor sano que produzca salud y vida a tu cerebro, o una espinosa actitud de temor que produzca muerte a tu cerebro. Todo tiene que ver con tu Yo Perfecto.

En mi consulta, siempre hacía hincapié en enfocar la singularidad de mis pacientes, ya que veía principalmente a niños, adolescentes y adultos que habían abandonado toda esperanza en su capacidad de aprender o lograr algo en la vida. Mi mayor alegría era ver a los pacientes salir de mi consulta con esperanza en su mirada y el mensaje en su corazón de que es una ley científica que tienen una mente asombrosa que pueden desarrollar, y que verdaderamente tienen algo que aportar al mundo, que ninguna otra persona puede aportar. Algunas de mis experiencias favoritas eran recibir mensajes de adolescentes enojados que originalmente solo acudían a visitarme porque sus padres estaban desesperados cuando llegaban para tratar los problemas con ellos, pero al final de nuestro tiempo juntos, me consideraban una amiga. Recuerdo que un joven incluso me dio un abrazo, presentándome a sus amigos cuando nos encontramos con él en el cine, y me envió este texto: "Dra. Leaf, usted ha cambiado mi vida; vuelvo a tener esperanza".

Una de mis historias favoritas de esperanza proviene del tiempo en que estuve trabajando en Sudáfrica entre las escuelas más pobres, donde mi meta era intentar ayudar a alumnos de duodécimo grado a aprobar sus exámenes. Las condiciones eran pésimas: no había instalaciones decentes, solo unos cuantos libros de texto entre cien alumnos, una pizarra rota, y muchos niños hambrientos y que sufrían.

Un joven en particular destaca siempre en mi mente, porque cuando llegué a su clase él estaba enojado con la vida, hambriento, cansado, aplastado por las cargas de la enfermedad, viviendo en la pobreza extrema, implicado en muchas actividades peligrosas que hacían que los alumnos y los maestros estuvieran hartos de él, y muchas otras cosas tóxicas en su vida acerca de las que yo no sabía nada. Recuerdo que me miró con enojo cuando me levanté para enseñarles cómo aprender a sus compañeros de clase y a él. Recuerdo pensar que ese joven no tenía ninguna esperanza, solamente dolor, y le pedí a Dios que me ayudara a tocar su corazón. Bien, al final de un largo día de seis horas, los maestros preguntaron quién quería darme las gracias. Levantando una pluma, este joven pasó rápidamente al frente, con lágrimas en sus ojos, y me dijo: "Dra. Leaf, gracias, gracias. Ahora sé qué hacer con mi pluma". Aquel joven encontró significado y valor, y a Dios, aquel día, y su cara siempre estará en mi mente. Siguió adelante hacia cambiar su comunidad e impactar su mundo.

Atesoro esos recuerdos y tengo la bendición de tener muchos, muchos más como esos. Los cambios que vi en aquellas personas me inspiraron a estudiar más sobre la mente y el cerebro, y mis estudios me han dado un sentimiento más profundo de cuán grande es nuestro Dios. Siempre será la misión de mi corazón infundir esta esperanza en las personas, porque hace que ellas cobren vida. Como dice la Escritura: *"La esperanza frustrada aflige al corazón; el deseo cumplido es un árbol de vida"* (Proverbios 13:12 NVI). Quiero estimular una esperanza en ti para que encuentres, desarrolles y utilices tu Yo Perfecto. Quiero que estés tan lleno de esperanza y amor que los derrames en otra persona quien, a su vez, también los derramará en otra persona. ¡Quiero que este mensaje de esperanza se haga viral!

Los ejercicios siguientes están pensados para ayudarte a desarrollar una alerta más consciente de lo que es cuando operas en tu Yo Perfecto, e inspirarte a volver a tener esperanza. Junto con desarrollar una conciencia de operar en tu Yo Perfecto, basado en tu perfil CU, y una consciencia de lo que está bloqueando tu Yo Perfecto, vas a desarrollar el lado intelectual del pensamiento y, por lo tanto, tu inteligencia.

El propósito de los ejercicios de tu Yo Perfecto

Los ejercicios de tu Yo Perfecto están pensados:

* Para ayudarte a ser consciente de cómo piensas, sientes y decides en el estado de tu Yo Perfecto.

* Para mejorar cómo utilizaste los siete módulos metacognitivos, al igual que aumentar su interacción. (Recuerda: la fortaleza de tu Yo Perfecto está en la suma de las partes que operan como un sistema integrado. No

podemos aislar un módulo metacognitivo y describirlo como nuestra "fortaleza").

✦ Para ayudarte a reconocer cuándo te alejas de tu Yo Perfecto.

✦ Para desarrollar tu intelecto.

Cómo utilizar los ejercicios de tu Yo Perfecto

Cuando se trata de utilizar los ejercicios de tu Yo Perfecto, recomiendo que trabajes en ellos en la secuencia siguiente, empleando en cada uno de ellos todos los días que sientas que son necesarios. Utiliza la lista de comprobación del Yo Perfecto (ver página 248) *cada día* y, además, saca minutos en tu día para trabajar en estos ejercicios. Mi mejor recomendación es hacer uno por día y uno por semana, lo que mejor se ajuste a tu situación, hasta que los hayas hecho todos, y después repetirlos. Estos no son ejercicios que se hacen una sola vez y después nos olvidamos de ellos; en realidad son cambios deliberados en el estilo de vida que vas a estar haciendo para desarrollar y mantenerte en tu Yo Perfecto. Son parte de un estilo de vida de crecimiento continuado.

Por lo tanto, a nivel práctico, lo primero que podrías hacer en la mañana es leer un ejercicio, teclearlo en tu teléfono inteligente o escribirlo en una tarjeta, y practicarlo durante el día. Si ya estás haciendo mi programa de desintoxicación mental de veintiún días (ver www.21daybraindetox.com y mi libro *Enciende tu cerebro*), puedes utilizar estos ejercicios como parte de tus *alcances activos*.

Ejercicios intrapersonales

Aquí tenemos maneras en que puedes mejorar tu modo de pensamiento intrapersonal tomando tiempo en tranquilidad para evaluar el conocimiento que estás recibiendo, siendo consciente de lo que está sucediendo en tu mente, y pensando profundamente.

1. Practica escuchar lo que dices. Por ejemplo, sé muy consciente de cómo te oyes, del tono de voz. Enfócate en la elección de palabras que estás utilizando para comunicar lo que dices. Está atento a tus expresiones faciales cuando comunicas, al igual que a las reacciones de otras personas. Puede resultarte útil anotar tus observaciones en un diario.

2. Practica estar atento a lo que estás pensando. Practica llevar cautivos todos los pensamientos. No permitas que ningún pensamiento pase por tu mente sin ser comprobado. Deja de pensar al azar y sé intencional con respecto a aquello en lo que decides pensar.

3. Practica analizar tu intuición, tu sentimiento innato con respecto a las cosas. Pregúntate, cuando te sientas guiado por la intuición, qué está sucediendo realmente en tu pensamiento. ¿Qué sensación tienes cuando tu intuición demuestra ser correcta? ¿Crees que tu mente es más aguda con esta consciencia?

4. Encuentra siete periodos de tiempo a solas, solamente para pensar, sin ningún teléfono, iPad, computadora, personas, u otras distracciones; solamente tú sentado tranquilo y pensando. Haz esto al menos uno o dos minutos cada día. Al principio podría ser un reto, ¡pero no lo dejes! Cuando piensas profundamente en silencio, estás edificando tu pilar de pensamiento intrapersonal, el cual es fundamental para la introspección, el conocimiento propio, y entender tus propios sentimientos, pensamientos e intuiciones.

5. Prueba a anotar tus sueños y escuchar lo que te dice el Espíritu Santo sobre ellos. Puede que esto requiera dejar a un lado distracciones y pedir al Señor que te hable mediante sueños. Si esto es un territorio nuevo para ti, simplemente ora al respecto esta semana. Puedes continuar trabajando en este ejercicio durante las próximas semanas también.

6. Practica comparar ideas nuevas y únicas con ideas antiguas. Por ejemplo, si estás leyendo sobre la idea de alguien de un nuevo negocio, compara eso con el modo en que tú verías normalmente la dirección de un negocio de esa naturaleza. Si siempre has pensado que deberías comer tres veces al día, piensa en ayunar de una de ellas en días alternos. Si tienes una opinión firme sobre algo, arguméntala desde otro ángulo. Mira las cosas desde diferentes puntos de vista.

7. Practica el autoexamen mental aprendiendo sobre ti mismo y examinando tu perfil CU. Repasa de nuevo tu perfil. Mira cómo Dios te creó de manera única en el modo en que procesas tus pensamientos. Este es un ejercicio sencillo. No tienes que pasar horas estudiando tu perfil. Sencillamente reconoce que Dios te creó de manera maravillosa, única, perfectamente *tú*: ¡este es tu Yo Perfecto!

Ejercicios interpersonales

Aquí tenemos maneras en que puedes mejorar tu modo de pensamiento interpersonal compartiendo ideas con otras personas para recibir comentarios, comunicando, y teniendo una discusión interactiva con otros.

1. Practica el relatar historias. Por ejemplo, háblale a alguien, con todo el detalle posible, sobre una película que has visto o un libro o artículo que has leído o estás leyendo. Comparte tus pensamientos y tengan una discusión interactiva sobre el tema. Esto no tiene que consumir mucho tiempo. Sencillamente comparte tu experiencia con alguien. Cuando participas en la discusión interactiva, estarás construyendo tu pensamiento interpersonal.

2. Practica hacer que las personas se sientan tranquilas en situaciones desafiantes. Por ejemplo, quizá haya un amigo o un compañero de trabajo que está batallando con una situación. Habla con esa persona, dale ánimo, y ayúdale a pensar en sus sentimientos y en qué hacer.

3. Practica pasar tiempo de *calidad* con personas. Por ejemplo, ten una cita para almorzar o tomar un café con un amigo al que no hayas visto durante algún tiempo. Mantén una intensa conversación de texto con alguien. Llama a alguien para tener una charla profunda.

4. Practica escuchar sin interrumpir y sin planear tu propia respuesta. Intenta hacer esto al menos dos veces cada día. Sencillamente escucha de manera activa lo que otra persona está diciendo, y asimila lo que él o ella tenga que decir.

5. Practica escuchar el doble de lo que hablas. Por lo tanto, en una conversación, la otra persona será quien hable la mayoría del tiempo. Escucha con intención a esa persona y no a los pensamientos que hay en tu cabeza. Ponte en la situación del otro e intenta pensar como piensa la otra persona.

6. Juega a juegos de "y si..." contigo mismo y con otros. Los juegos de posibilidad son una exploración abierta del camino donde tu mente quiere ir. Son creativos en cuanto a que pueden discurrir por cualquier dirección, pero al mismo tiempo son una actividad disciplinada, ya que observas lo que estás diciendo y, por lo tanto, lo que estás pensando. Incluso puedes intentar pensar en respuestas. Puedes pasar de la sencilla pregunta: *¿Y si condujera por otro camino hasta el trabajo; qué sería diferente acerca de mi día?* O llegar a la locura: *¿Y si pudiera ir al trabajo en una alfombra mágica?* La idea es jugar y fantasear, explorar ideas y conceptos.

7. Toma un tiempo para ser coach o mentor de otros en algo que a ti se te da bien. Tú tienes dones, talentos y habilidades de los que otras personas se beneficiarían. Encuentra a alguien que esté buscando un coach o mentor, y comparte tu experiencia y tus conocimientos con esa persona. Esto no tiene que consumir mucho tiempo. Sencillamente conecta con otra persona y transmítele lo que tú sabes.

Ejercicios lingüísticos

Mejorar el modo de pensamiento lingüístico puede hacerse utilizando palabras: hablando en tu cabeza y en voz alta, haciendo preguntas, repitiendo afirmaciones, anotando pensamientos, pensando en palabras, leyendo, y muchas otras.

1. Practica el repetir afirmaciones que oyes mientras escuchas a personas, la televisión, etc. Intenta repetir términos o incluso frases completas. Utiliza tu pensamiento lingüístico para asimilar la información en forma de palabras, y después repetirlas. Puede que quieras hacer este

ejercicio con otra persona. Este sencillo ejercicio no debería tomar horas y horas. Sencillamente añade el ejercicio a tu vida cotidiana.

2. Practica el escribir pensamientos mientras estás aprendiendo y concentrándote. Toma notas durante conferencias, reuniones o sermones. Toma notas cuando estés leyendo un libro o artículo informativo. No solo escribas la información que se está presentando; escribe también tus propios pensamientos. Este puede ser un cambio en tu rutina normal, pero te ayudará a construir tu modo de pensamiento lingüístico.

3. ¡Lee! Esta es la manera más rápida y más eficaz de construir el pensamiento lingüístico, y debería convertirse en un hábito de estilo de vida. Encuentra un buen libro, quizá uno que no hayas leído aún o un libro favorito que hayas leído muchas veces. Saca algún tiempo cada día para sumergirte en tu libro. Simplemente disfruta de la lectura de la historia o la información.

4. Lee una variedad de literatura, desde el periódico hasta novelas, revistas de noticias, ¡e incluso cómics! Lee una variedad de temas diferentes. Lee, lee, ¡y después lee más! Prueba a leer desde una fuente que normalmente no escogerías. Amplía tu base de literatura. Esto no tiene que consumir mucho tiempo. Simplemente añade algo de lectura de varias fuentes cada día.

5. Practica aumentar tu vocabulario. Prueba a aprender una palabra nueva cada día. En un año, habrás aumentado tu vocabulario en 365 palabras. Practica el uso de estas palabras en diferentes contextos. No compliques demasiado este sencillo ejercicio. Sencillamente utiliza

292 TU YO PERFECTO

las palabras nuevas que aprendas a lo largo de tu rutina diaria.

6. Practica jugar a juegos como *Trivial Pursuit, Scrabble, Clue, General Knowledge* (Conocimiento General), y otros. ¡Diviértete con este sencillo ejercicio! Juega con las veintisiete letras del alfabeto, pues son el fundamento del lenguaje.

7. Practica haciendo crucigramas. Desafíate a ti mismo trabajando en un crucigrama un poco de tiempo cada día durante esta semana. Ejercita tu modo de pensamiento lingüístico aprendiendo palabras nuevas en el crucigrama y escribiendo las letras. ¡Diviértete a la vez que amplías tu vocabulario!

Ejercicios lógicos/matemáticos

Razonar, analizar y hacer estrategia puede mejorar el modo de pensamiento lógico/matemático.

1. Practica cuantificar todo lo que haces. Calcula el tiempo que utilizas para varias actividades. ¿Qué porcentaje de tu día empleas en comer, hablar, redes sociales, y otras cosas? Este es un ejercicio sencillo y a la vez profundo. Puede que te sorprendas por las respuestas a las preguntas que te haces a ti mismo.

2. Practica hacer muchas preguntas sobre cualquier cosa que te interese y sobre cualquier cosa que no te interese, hasta que entiendas profundamente el tema. ¡Plantea muchas preguntas esta semana! Alienta tu curiosidad. Descubre respuestas. Trabaja en reconocer patrones lógicos y numéricos. Intenta seguir largas cadenas de

razonamiento de una manera precisa. No compliques demasiado este ejercicio. Debería ser una adición sencilla a tu vida diaria.

3. Practica el cálculo. Por ejemplo, ¿cuánto tiempo te llevará llegar a cierto lugar, arreglarte el cabello, o terminar una tarea? ¿Cuánto tiempo queda hasta el almuerzo o antes de que termine el trabajo? Después, cronométrate para ver si acertaste.

4. Practica recordar estadísticas relacionadas con tu equipo deportivo. Intenta recordar estadísticas que ya conoces, y también memorizar y aprender estadísticas nuevas. Si no conoces las estadísticas deportivas, prueba a preguntar a alguien en tu casa o mirar algún sitio web de deportes.

5. Juega a juegos de cálculo mental. Por ejemplo, si eres un pasajero en un vehículo, suma los números que veas en las placas de licencia de otros vehículos que van por la carretera. También podrías jugar al *Sudoku* o a un juego de números parecido.

6. Practica dividir información que quieres recordar. Haz preguntas, a otras personas o a ti mismo, hasta que entiendas la información. Analiza la información desde distintos ángulos hasta que esté clara. Esto no tiene que ser complicado; haz que este ejercicio sea sencillo y lo más rápido posible.

7. Juega a juegos que sean un deporte mental eficaz, como *backgammon*, ajedrez o *bridge*. Si no sabes cómo jugar a uno de esos juegos, aprende. Haz estrategia y piensa en los movimientos cuando retes a tu oponente. Quizá

encuentra un grupo de personas que se reúnan regularmente para jugar a estos juegos. ¡Disfruta de construir tu pensamiento lógico/matemático!

Ejercicios cenestésicos

Mejorar el modo de pensamiento cenestésico puede hacerse tocando, construyendo, creando, y con casi cualquier cosa que tenga que ver con movimiento.

1. Practica sentarte sobre otra cosa distinta a una silla cuando estés aprendiendo, ante tu computadora, leyendo, viendo televisión, etc. Por ejemplo, estar sentado sobre un balón de ejercicio es una experiencia de participación activa de tu cuerpo, mientras que estar sentado en tu silla es una actividad pasiva. ¡Haz que sea divertido! Puedes sentarte sobre un balón de ejercicio en tu escritorio, en la mesa de la cocina, en lugar de hacerlo en un sofá; sé creativo con este ejercicio.

2. Estírate con frecuencia, sal a dar paseos, o haz otra forma de ejercicio. ¡Levántate! Cuando muevas tu cuerpo, experimentarás una sensación positiva de acción al hacer algo realmente.

3. Juega con el drama, incluyendo teatro formal, juegos de roles y simulaciones. Puedes involucrar a toda la familia creando y realizando un *sketch* familiar. Esto no tiene que ser complicado o que consuma mucho tiempo. Sé creativo con el ejercicio de esta semana.

4. Practica haciendo un movimiento creativo, danza, o rutinas de estiramiento. Puede que esto sea algo que ya haces regularmente, pero quizá no te des cuenta de los

efectos positivos que tiene el movimiento en tu proceso de pensamiento. Si no haces esto regularmente, esta semana tienes una oportunidad de probar algo nuevo. ¡Diviértete con el ejercicio!

5. Practica participando en pequeñas tareas. Por ejemplo, utiliza tarjetas y sellos de goma, construye con piezas de LEGO, y haz cosas. Puedes ser creativo con este ejercicio. Por definición, este es un tipo de pensamiento muy táctil, energético y multisensorial que implica el control de los movimientos corporales, la habilidad de coordinarte a ti mismo, y la capacidad de manejar objetos y cosas a tu alrededor con destreza. El ejercicio de esta semana es una manera divertida de poner en práctica tu pensamiento cenestésico.

6. Reorganiza una habitación en tu casa, tu armario, o tu oficina para hacerla más atractiva visualmente. Este sencillo ejercicio te ayudará a construir memoria mediante las percepciones sensoriales y el movimiento. No compliques en exceso el ejercicio. No tienes que pasar horas y horas haciéndolo. Sencillamente bastará reorganizar algo para mejorar la ubicación.

Ejercicios musicales

Puedes mejorar tu pensamiento musical vía ritmo, melodías y la intuición, al igual que creando.

1. Practica poner tu música favorita en un segundo plano cuando estés trabajando. Si ya haces esto, cambia de género. Existe un vínculo poderoso y científicamente establecido entre la música y nuestras emociones. Este vínculo es responsable de edificar la memoria. Disfruta

296 TU YO PERFECTO

de escuchar música de ambiente mientras trabajas esta semana. Este es un ejercicio que simplemente debería encajar en el patrón de tu vida diaria.

2. Practica utilizando instrumentos musicales disponibles (o hazlos tú mismo) y tócalos periódicamente. Si no puedes tocar un instrumento musical de verdad, improvisa utilizando ollas como tambores u otra cosa parecida, ¡o comienza a aprender! Nunca es demasiado tarde para aprender a tocar un instrumento. A medida que experimentes con tocar un instrumento, también edificarás tu capacidad para tener instinto, lo cual te permite "leer entre líneas". Tu pensamiento musical también te permitirá sentir el significado y verificarlo.

3. Practica algunas rutinas de aeróbicos, estiramiento, o caminar al ritmo de la música. Haz tus movimientos al ritmo de la música que estés escuchando. Presta atención al ritmo y la melodía. No compliques en exceso este sencillo ejercicio. Simplemente mover tu cuerpo al ritmo de la música es suficiente para construir tu pensamiento musical.

4. Practica un ritmo a golpecitos con tus pies al ritmo de tus dedos. Puede que esto requiera cierta práctica, pero debería ser un ejercicio divertido que te estire. No tiene que consumir mucho tiempo ni ser complicado. Sencillamente añade el ejercicio a tu rutina normal diaria.

5. Practica cantar o tararear mientras trabajas, aunque sea en un susurro para no molestar a los demás. No importa si tu pensamiento musical es elevado o bajo, pues la música aún así puede ayudarte a aprender. La música

clásica, en particular, ha demostrado ser beneficiosa en salones de clase y otros ambientes de aprendizaje.

6. Practica leer poesía y aprender sobre estructura poética. Encuentra un libro sobre poesía y disfruta leyendo los poemas en voz alta o en silencio. Utiliza un buen ritmo mientras lees. Investiga un poco a fin de aprender más sobre estructura poética. No compliques en exceso el ejercicio. No es necesario que pases horas leyendo poesía. Simplemente disfruta de la poesía.

7. Practica conscientemente leer entre las líneas de lo que personas están diciendo y haciendo, e intenta descubrir las actitudes de las personas observando su lenguaje corporal. Esto se puede hacer en cualquier momento en que te relaciones con otras personas. Observa sus expresiones faciales y la postura de su cuerpo. Intenta interpretar lo que están diciendo mediante la comunicación no verbal. Utiliza tu intuición mientras escuchas lo que están diciendo.

8. Practica el observar la inflexión en la voz de otras personas. Mientras estés manteniendo conversaciones, observa lo que otras personas estén diciendo mediante el uso de la inflexión de su voz. Observa la subida y bajada de la inflexión de tu voz, y también de la de ellos. Simplemente trabaja este ejercicio en tu rutina diaria cuando te relaciones con personas.

Ejercicios visuales/espaciales

Mejorar el modo de pensamiento visual/espacial puede hacerse pensando en imágenes, utilizando tu imaginación, y visualizando a la vez que aprendes.

1. Practica leyendo caricaturas y/o creando tus propias caricaturas. ¡Sé creativo con este ejercicio sencillo y divertido! Ejercitar tu pensamiento visual/espacial fomenta las operaciones mentales que por lo general no se realizan de un modo verbal. La lectura y crear caricaturas pueden resultar ser una actividad que realmente te guste, mientras que al mismo tiempo fortalece y edifica este modo de pensamiento.

2. Practica hacer despliegue de carteles en tu oficina, salón de clase o tu casa, para ayudarte a pensar y expresar ideas; incluso Pinterest funciona. Puedes hacerlo sencillo, sobre pedazos de papel pequeños, o tan elaborados como quieras. El objetivo es expresarte visualmente de alguna forma.

3. Practica haciendo dibujos o garabateando mientras piensas. No importa cómo se vean los dibujos; lo que cuenta es el ejercicio. ¡Diviértete con este ejercicio! Ten libertad para dibujar o garabatear lo que quieras.

4. Practica el ser consciente y diferenciar entre colores en la naturaleza, en tu casa: en todas partes. Está alerta de los diferentes matices de color. Observa el color mientras conduces por tu barrio, al igual que cuando estás en el trabajo, cuando estás en la escuela, cuando das un paseo: dondequiera que estés durante la semana.

5. Practica el desarrollo de tu memoria visual. Hazlo realizando el ejercicio da Vinci. Es decir, mira fijamente un objeto complejo, memorízalo, y después cierra los ojos e intenta recordarlo con todos los detalles posibles. Puede que esto requiera cierta práctica, ¡pero no abandones! Este ejercicio no debería consumir mucho tiempo.

Sencillamente toma unos minutos para practicar este ejercicio durante la semana.

6. Estudia revistas de decoración y moda, y está más alerta a los muebles y la decoración del hogar, al igual que lo que visten las personas. Donde vayas cada día, observa la decoración de los lugares que veas. Toma nota de cómo distintas personas utilizan la moda de manera diferente. Hojea las páginas de una revista de moda o de decoración mientras estás en una sala de espera o en la fila del supermercado. Este sencillo ejercicio puede hacerse mientras realizas tus tareas cotidianas.

7. Practica intentando tomar fotografías artísticas, ya sea que las compartas o no con otros. Intenta ver las cosas desde diferentes perspectivas y fotografíalas desde ángulos distintos a los que normalmente usarías. No compliques en exceso este sencillo ejercicio. Simplemente es suficiente con tomar fotografías artísticas mientras realizas tu rutina diaria normal.

Epílogo

¿Cómo entendemos el concepto de la singularidad humana? Es muy vasto y profundamente misterioso, más aún por el hecho de que somos portadores de la imagen del Creador. Escribí este libro para todos nosotros, incluida yo misma, para estimularnos en el reconocimiento de la necesidad de comenzar a revelar el maravilloso misterio de nuestro Yo Perfecto y aceptar nuestra excepcionalidad. ¡Necesitamos reconocer que estamos por encima de un CI, CS o de una categoría en un cuestionario!

Cuando comenzamos a ver quiénes somos, nuestro plano para la identidad, comenzamos a descubrir el significado de nuestras vidas. Significado no es tan solo algo que sucede dentro de nuestro cerebro. Es algo que evoluciona mediante el Yo Perfecto y proporciona contexto a las cosas que llegan a nuestras vidas. Piensa en un cuadro. El significado del trabajo no surge del análisis químico de los materiales utilizados para crearlo. Tampoco el significado surge de los múltiples niveles de procesos neurofisiológicos, desde los fotones de luz que golpean la retina en la parte interior del ojo o los impulsos eléctricos resultantes que pasan por el nervio óptico hasta las distintas partes del cerebro. El significado surge de *tu* interpretación del dibujo: tu perspectiva exclusiva, tu contexto, tu Yo Perfecto.

Nuestros pensamientos, sentimientos, decisiones, palabras, experiencias, vida: todos ellos tienen significado, el cual está formado y expresado de manera hermosa mediante el modo especial en que cada uno de nosotros piensa, siente y decide. Mediante nuestro Yo Perfecto crecemos como seres humanos, aprendiendo más sobre nosotros mismos y los demás.

La singularidad de tu Yo Perfecto no puede tan solo medirse y encerrarse por las cifras y las categorías de inteligencia, o de cocientes emocionales y sociales. Tú eres mucho más; tienes las propiedades de la eternidad. Tú eres único. Tienes tu propio plano para la identidad. Estás diseñado para operar con la moneda del amor, poder y dominio propio. Eres un *tipo yo*. Y, como *tipo yo*, puedes hacer algo que ninguna otra persona puede hacer; el mundo no sería el mismo sin ti.

Cuando realmente entiendas tu Yo Perfecto, comenzarás a operar en tu *tipo yo*. Serás libre de la baja autoestima, la duda de ti mismo, envidia, celos y ensimismamiento, los cuales pueden destruir el tejido cerebral. Te encontrarás celebrando el éxito de otros porque reconocerás cómo suma cada una de sus experiencias únicas, en lugar de restar, a tu propio éxito en alcanzar el propósito que Dios ha fijado en cada uno de nosotros como partes diferentes de su cuerpo. Y al hacerlo, desarrollarás tejido cerebral sano en lugar de destruirlo, produciendo así salud para tu mente, espíritu y alma.

Dejarás de compararte a ti mismo con los demás, buscando esa clave exclusiva para el éxito en los logros de otros, porque serás libre para mirar en tu interior al éxito que ya es tuyo para que lo actives. Ya no harás daño a tu autoestima intentando remodelar tu huella para que encaje en la de alguna otra persona. Levantarás tus manos con un orgullo humilde para que todo el mundo las vea.

Cuando leas sobre los logros de otra persona, te encontrarás celebrando su mapa de ruta, aprendiendo de su perseverancia, su impulso y su compromiso con su propio Yo Perfecto. Al hacer esto, quitarás los límites de hacia dónde puede llevarte *a ti* tu Yo Perfecto. Solamente tú puedes ser tú mismo. Serías una mala versión de otra persona. La intención del Yo Perfecto en ti es glorificar, amar, y salir de ti mismo, pero no puedes desarrollarte hasta la expresión más plena de la creación de Dios si vives con dudas o inquietud. Pierdes la perspectiva de Dios de ti mismo en la búsqueda de ser otra persona. También te pierdes de vista a ti mismo cuando permites ser consumido por la culpabilidad debido a tus problemas y errores del pasado.

En este libro has descubierto tu valor, tu significado, y cómo *no* vivir con dudas e inquietud. Has activado una búsqueda que dará comienzo el proceso de identificar el plano para tu Yo Perfecto: la manera única en que piensas, sientes y decides. Has comenzado a aprender cómo llegar a ser conscientemente alerta y más interesado en lo que sucede en tu cuerpo y tu mente, lo cual te ayudará a mantenerte en tu Yo Perfecto. Has comenzado a desarrollar una disposición a dirigirte hacia tu experiencia, en lugar de intentar cambiarla forzadamente para que sea algo que no puede ser.

El mundo se trata de probabilidades. Tú, con tu Yo Perfecto, estás en la intersección de hacer que tus probabilidades únicas sean reales y significativas porque nadie puede ver lo que tú ves. Es tu experiencia personal. Y a medida que creas una realidad única con tu brillante Yo Perfecto, estás actualizando tu conocimiento del mundo y añadiendo una calidad al mundo que solamente tú puedes añadir.

No estás diseñado para colisionar con la experiencia de los demás. Estás diseñado para caminar al lado de los demás en tu singularidad. No es el mundo o nosotros, sino *nosotros dentro del mundo*. Tu mente única, expresada mediante tu Yo Perfecto, refleja la gloria de Dios, trayendo el cielo a la tierra y haciendo del mundo un lugar más hermoso.

TÚ ERES BRILLANTE.

Cada ser clama en silencio ser leído de modo distinto.

Simone Weil, filósofa francesa

Palabras finales
Por el Dr. Avery M. Jackson

Timoteo, cuida bien lo que Dios te ha confiado.
Evita las discusiones mundanas y necias con los que se
oponen a ti, con su así llamado «conocimiento».
Algunos se han desviado de la fe por
seguir semejantes tonterías.

1 Timoteo 6:20-21 (NTV)

El poder de la mente, como demuestra la Dra. Leaf, es ilimitado cuando tenemos la mente de Cristo y operamos en amor; y, por lo tanto, en el Yo Perfecto. El Señor Dios me dio el propósito de que operara como neurocirujano que muestra su amor manifestado mediante mis manos cuando hago cirugías cerebrales y de espalda. Camino en mi Yo Perfecto tal como soy guiado por el Señor, utilizando la mente de Cristo y la sabiduría de Dios durante los procedimientos quirúrgicos, para tener los mejores resultados.

La Dra. Leaf también hace hincapié en que podemos desaprender pensamientos tóxicos negativos cuando operamos en amor mientras caminamos en el Yo Perfecto. La ciencia se propone dar respuestas definitivas con respecto a problemas médicos. Sin embargo, podemos aplicar el método científico y aún así perder algunas de las aplicaciones prácticas de la ciencia básica (especialmente con respecto a cómo la mente y el ambiente afectan al cerebro y al cuerpo en la epigénesis). Sacamos conclusiones sobre las mejores prácticas para tratar a un paciente individual único utilizando métodos estadísticos basados en la población, y como resultado ese paciente puede recibir cuidado médico que no está hecho a la medida de sus necesidades idiosincráticas.

No sucede así con la voluntad perfecta de Dios para ti individualmente cuando caminas en tu Yo Perfecto. Tus decisiones conscientes, basadas en cómo te ha creado Dios verdaderamente, crearán situaciones correctas basadas en acciones adecuadas, basadas en pensamientos correctos de una mente que es libre del pensamiento tóxico. Tu cerebro responde a lo que haces, de modo que si hay comunicación, y un cambio conductual e intelectual, entonces el cerebro ha sido cambiado por la mente, y este cambio se expresa mediante palabras y acciones, lo cual, como señala la Dra. Leaf, es pensamiento relativamente nuevo acerca del cerebro en la ciencia.

Este libro te ayudará a desatar tu verdadero potencial, cuando hayas trabajado en sus principios y los hayas aplicado. Puedes descubrir lo que es tu Yo Perfecto aprendiendo su estructura y cómo comenzar a vivir en él. Tu propósito es vivir por encima de ti mismo mediante reflejar la gloria de Dios a un mundo quebrantado. A medida que aprendas a operar en tu Yo Perfecto, podrás negociar la vida más exitosamente.

La Dra. Caroline Leaf es una "cognitista" apasionada que "ve" y describe con elocuencia el corazón del Señor en la mecánica cuántica de cómo Él diseñó nuestras almas únicas para que funcionaran juntas para "enriquecer el Yo Perfecto del otro, caminando el uno al lado del otro y *celebrando* nuestras diferencias". Nosotros seremos el agente de cambio mientras caminemos en nuestro Yo Perfecto en este mundo, y reflejaremos la gloria de Dios.

Avery M. Jackson III, MD, FACS, FAANS,
Neurocirujano certificado
CEO/fundador del Michigan Neurosurgical Institute PC
CEO/fundador de Optical Spine LLC
Grand Blanc, Michigan, USA

Palabras finales
Por el Dr. Peter Amua-Quarshie

Entonces dije: He aquí, vengo; en el
rollo del libro está escrito de mí.

Salmos 40:7

El versículo anterior está citado en Hebreos 10:7 en referencia a la misión de Jesucristo en la tierra. Al igual que nuestro Salvador, nuestras personalidades, dones y propósitos únicos ya están escritos por Dios "en el rollo del libro" antes de que nazcamos en este mundo. En otras palabras, nuestro "Yo Perfecto" ya está escrito en "el libro". En este libro, *Tu Yo Perfecto*, la Dra. Leaf nos ayuda a mirar lo que ha sido escrito sobre nosotros para que podamos vivir la vida que ha sido ordenada que vivamos por nuestro Creador.

Al haber conocido a la Dra. Leaf durante casi una década, y al haber dialogado incontables horas sobre los principios y las prácticas de este libro, puedo decir con confianza que *Tu Yo Perfecto* proviene de lo que Dios le ha revelado de su Palabra. Estas revelaciones han sido rigurosamente investigadas, probadas y aplicadas con un éxito asombroso en multitudes de personas en todo el mundo.

Yo sugeriría, querido lector, que seas como los de Berea (ver Hechos 17:10-11), que consideraron lo que Pablo les dijo con una mente abierta, y realizaron su investigación para verificar lo que habían oído. La Dra. Leaf ha proporcionado amplias referencias, tanto escriturales como académicas, para mayor estudio del tema. Te ha dado pasos prácticos para aplicar lo que has leído.

Sobre todo, levántate y conviértete en el Yo Perfecto que Dios creó que fueras.

Peter Amua-Quarshie, MD, MPH, MS

Notas

Prólogo

1. S. McDowell y Jonathan Morrow, *Is God Just a Human Invention? And Seventeen Other Questions Raised by the New Atheists* (Grand Rapids: Kregel, 2011), Kindle loc. 1525.

2. Keith Ward, *The God Conclusion: God and the Western Philosophical Tradition* (London: Darton, Longman and Todd, 2009), Kindle loc. 843.

3. David Brooks, *The Road to Character* (New York: Random House, 2015).

Capítulo 1: El panorama completo

1. J. M. Schwartz y S. Begley, *The Mind and the Brain* (New York: Harper-Collins, 2009), Kindle loc. 377.

2. Caroline Leaf, "The Mind Mapping Approach: A Model and Framework for Geodesic Learning", disertación del doctorado no publicada (Pretoria, Sudáfrica: Universidad de Pretoria, 1997).

3. H. P. Stapp, "Quantum Interactive-Dualism: An Alternative to Materialism", *Journal of Religion and Science* 3 (2006), doi:10.1111/j.1467–9744.2005.00762.x, http://www-atlas.lbl.gov/~stapp/QID.pdf.

4. Jeffrey M. Schwartz, Henry P. Stapp, y Mario Beauregard, "Quantum Physics in Neuroscience and Psychology: A Neurophysical Model of Mind-Brain Interaction", *Philosophical Transactions of the Royal Society B* 360, no. 1458 (2005): 1309–27, doi:10.1098/rstb.2004.1598.

5. Leaf, "The Mind Mapping Approach"; Caroline Leaf, "Mind Mapping: A Therapeutic Technique for Closed Head Injury," disertación de la maestría (Universidad de Pretoria, 1990); Caroline Leaf, "The Mind Mapping Approach (MMA): A Culture and Language-Free Technique", *The South African Journal of Communication Disorders* 40: 35–43; Caroline Leaf, "The Development of a Model for Geodesic Learning: The Geodesic Information Processing Model", *The South African Journal of Communication Disorders* 44 (1997): 53–70; C. M. Leaf, I. C. Uys, and B. Louw, "An Alternative Non-Traditional Approach to Learning: The

Metacognitive-Mapping Approach", *The South African Journal of Communication Disorders* 45 (1998): 87–102; C. M. Leaf, I. C. Uys, y B. Louw, "The Development of a Model for Geodesic Learning: The Geodesic Information Processing Model", *The South African Journal of Communication Disorders* 44 (1997).

6.   Leaf, "Mind Mapping".

7.   Schwartz y Begley, *The Mind and the Brain*, p. 27.

8.   William R. Uttal, "The Two Faces of MRI", *Cerebrum*, Dana Foundation, 1 de julio de 2002, http://www.dana.org/Cerebrum/Default.aspx?id=39300.

9.   Brian Resnick, "There's a Lot of Junk FMRI Research Out There. Here's What Top Neuroscientists Want You to Know", *Vox*, 9 de septiembre de 2016, http://www.vox.com/2016/9/8/12189784/fmri-studies-explained; A. Eklund et al., "Cluster Failure: Why FMRI Inferences for Spatial Extent Have Inflated False-Positive Rates", *Proceedings of the National Academy of Sciences* 113, no. 28 (2016): 7900–7905.

10. Alexis Madrigal, "Scanning Dead Salmon in FMRI Machine Highlights Risk of Red Herrings", *Wired.com*, 19 de septiembre de 2009, https://www.wired.com/2009/09/fmrisalmon/.

11. J. R. Middleton, *The Liberating Image: The Imago Dei in Genesis 1* (Grand Rapids: Brazos, 2005).

Capítulo 2: Tu Yo Perfecto

1.   J. Cairns, J. Overbaugh, et al. "The Origin of Mutants", *Nature* 35 (1988): pp. 142–45.

2.   Binghamton University, "Researchers Can Identify You by Your Brain Waves with 100 Percent Accuracy", *Science Daily*, 18 de abril de 2016, https://www.sciencedaily.com/releases/2016/04/160418120608.htm; Maria V. Ruiz-Blondet et al., "A Novel Method for Very High Accuracy Event-Related Potential Biometric Identification", *CEREBRE: IEEE Transactions on Information Forensics and Security* 11, no. 7 (2016): 1618, doi:10.1109/TIFS.2016.2543524.

3.   Weizmann Institute of Science, "Smell Fingerprints? Each Person May Have a Unique Sense of Smell", *Science Daily*, 30 de junio de 2015, www.sciencedaily.com/releases/2015/06/150630100509.htm.

4.   Wellcome Trust, "Brain's Architecture Makes Our View of the World Unique", *Science Daily*, 6 de diciembre de 2010, www.sciencedaily.com/releases/2010/12/101205202512.htm.

5.   "Professor Keith Ward—Religion and the Quantum World", video de YouTube, 50:05, subido por Mystical Theosis el 9 de enero de 2013, https://youtu.be / z4VjaoVHqNk, run time 18:00–18:25.

6.   Christine Sutton, "Fifty Years of Bell's Theorem", CERN, 4 de noviembre de 2014, https://home.cern/about/updates/2014/11/ fifty-years-bells-theorem; J. S. Bell, "On the Einstein Podolsky Rosen Paradox", *Physics* 1, no. 3 (1964): 195–200, https://cds.cern.ch/record/111654/ les/vol1p195-200_001.pdf?-version=1; J. S. Bell, *Speakable and Unspeakable in Quantum Mechanics: Collected Papers on Quantum Philosophy* (Cambridge: Cambridge University Press, 2004), Kindle ed.

7.   "Mental Health: A State of Well-Being", World Health Organization, Agosto de 2014, http://www.who.int/features/fact les/mental_health/en/.

Capítulo 3: Descubrir el potencial de nuestro plano para la identidad

1.   Middleton, *The Liberating Image*.

2.   Stanton Peele y Archie Brodsky, *Love and Addiction* (New York: Taplinger, 1975); Stanton Peele, "The 7 Hardest Addictions to Quit—Love is the Worst", *Psychology Today*, 15 de diciembre de 2008, https://www.psychologytoday.com/blog / addiction-in-society/200812/the-7-hardest-addictions-quit-love-is-the-worst; Stan Tatkin, *Wired for Love: How Understanding Your Partner's Brain and Attachment Style Can Help You Defuse Conflict and Build a Secure Relationship* (New York: New Harbinger, 2011); E. R. Kandel, *In Search of Memory: The Emergence of a New Science of Mind* (New York: Norton, 2008); Elizabeth Seto y Joshua A. Hicks, "Disassociating the Agent from the Self: Undermining Belief in Free Will Diminishes True Self-Knowledge", *Social Psychological and Personality Science* 7 (2016): pp. 726–34, doi:http://dx.doi.org/10.1177/1948550616653810; A. G. Christy et al., "Straying from the Righteous Path and from Ourselves: The Interplay between Perceptions of Morality and Self-Knowledge", *Personality and Social Psychology Bulletin* 1, no. 42 (2016): 1538–1550; F. Gino et al., "The Moral Virtue of Authenticity", *Psychological Science* 26, no. 7 (2015): pp. 983–86.

3.   Candace B. Pert, *Molecules of Emotion: The Science behind MindBody Medicine* (New York: Scribner, 2010), Kindle ed.; Bruce H. Lipton, *The Biology of Belief* (New York: Hay House, 2008) Kindle ed., loc. 115 ss.; Michael A. Ferguson et al., "Reward, Salience, and Attentional Networks Are Activated by Religious

Experience in Devout Mormons", *Social Neuroscience* 1 (2016), doi:10.1080 /17470919.2016.1257437; Angela Jones et al., "Relationships between Negative Spiritual Beliefs and Health Outcomes for Individuals with Heterogeneous Medical Conditions", *Journal of Spirituality in Mental Health* 17, no. 2 (2015): 135, doi:10.1080/19349637.2015.1023679; Society for Neuroscience, "Be Afraid, Be Very Afraid, If You Learned To: Study on Fear Responses Suggests New Understanding of Anxiety Disorders", *Science Daily* (24 de enero de 2007), www.sciencedaily.com/releases/2007/01/070123182010.htm; M. A. Penzo, V. Robert, and B. Li, "Fear Conditioning Potentiates Synaptic Transmission onto Long-Range Projection Neurons in the Lateral Subdivision of Central Amygdala", *Journal of Neuroscience* 34, no. 7 (2014): 2432, doi:10.1523/ JNEUROSCI.4166-13.2014.

4.   Yomayra F Guzmán et al., "Fear-Enhancing Effects of Septal Oxytocin Receptors", *Nature Neuroscience* (2013), doi:10.1038/nn.3465; Patty Van Cappellen et al., "Effects of Oxytocin Administration on Spirituality and Emotional Responses to Meditation", *Social Cognitive and Affective Neuroscience* (2016), doi:10.1093 /scan/nsw078; Don Wei et al., "Endocannabinoid Signaling Mediates Oxytocin- Driven Social Reward", *PNAS* (26 de octubre de 2015), doi:10.1073/pnas.1509795112.

5.   Medical University of Vienna, "Dopamine: Far More Than Just the 'Happy Hormone'", *Science Daily* (31 de agosto de 2016), https://www.sciencedaily.com/releases /2016/08/160831085320.htm; John D. Salamone y Mercè Correa, "The Mysterious Motivational Functions of Mesolimbic Dopamine", *Neuron* 76, no. 3 (2012): 470, doi:10.1016/j.neuron.2012.10.021.

6.   M. J. Poulin et al., "Giving to Others and the Association between Stress and Mortality", *Am J Public Health* 103, no. 9 (Septiembre de 2013):1649–55,doi:10.2105 /AJPH.2012.300876; E. B. Raposa, H. B. Laws, y E. B. Ansell, "Prosocial Behavior Mitigates the Negative Effects of Stress in Everyday Life", *Clinical Psychological Science* (2015), doi:10.1177/2167702615611073.

7.   British Neuroscience Association, "How Our Bodies Interact with Our Minds in Response to Fear and Other Emotions", *Science Daily* 7 (Abril de 2013), www.sciencedaily.com/releases/2013/04/130407211558.htm; Damian Refojo et al., "Glutamatergic and Dopaminergic Neurons Mediate Anxiogenic and Anxiolytic Effects of CRHR1", *Science* 333, no. 6051 (30 de septiembre de 2011): pp. 1903–7, doi: 10.1126/science.1202107; T. Steimer, "The Biology of Fear and Anxiety-Related Disorders", *Dialogues in Clinical Neurosciences* 4, no. 3 (2002): pp. 231–49.

8. Peele, "7 Hardest Addictions"; Seto and Hicks, "Disassociating the Agent", pp. 726–34; Christy et.al. "Straying from the Righteous Path"; Gino et al., "Moral Virtue".

9. S. Satel y S. O. Lillien eld, *Brainwashed: The Seductive Appeal of Mindless Neuroscience* (New York: Basic Books, 2013), pp. 49–72.

10. B. H. Lipton, "Insight into Cellular Consciousness", *Bridges* 12, no. 1 (2012): 5; M. Gutschner, "Discovery of Quantum Vibrations in Microtubules Inside Neurons Corroborates Controversial 20-Year-Old Theory of Consciousness", *Elsevier* (16 de enero de 2014), https://www.elsevier.com/about/press-releases/research-and-journals/discovery-of-quantum-vibrations-in-microtubules-inside-brain-neurons-corroborates-controversial-20-year-old-theory-of-consciousness; Deepak Chopra, *How Consciousness Became the Universe: Quantum Physics, Cosmology, Relativity, Evolution, Neuroscience, Parallel Universes* (Cambridge: Cosmology Science Publishers, 2015).

11. Peter Kinderman, *The New Laws of Psychology: Why Nature and Nurture Alone Can't Explain Human Behavior* (London: Robinson, 2014).

12. Ver mi sitio web www.drleaf.com para múltiples referencias sobre este tema; sobre salud mental específicamente, ver http://drleaf.com/blog/a-brief-history-of-mental-health-care-in-the-twentieth-century/; ver mi serie de programas de TV sobre salud mental en http://drleaf.com/broadcast/; P. R. Breggin, "Rational Principles of Psychopharmacology for Therapists, Healthcare Providers and Clients", *Journal of Contemporary Psychotherapy* 46 (2016): pp. 1–13; P. R. Breggin, "The Biological Evolution of Guilt, Shame and Anxiety: A New Theory of Negative Legacy Emotions", *Elsevier Medical Hypotheses* 85 (2015): pp. 17–24.

13. Lipton, "Insight into Cellular Consciousness", 5; B. H. Lipton, *The Biology of Belief: Unleashing the Power of Consciousness* (Santa Rosa, CA: Mountain of Love/Elite Books, 2005).

14. Caroline Leaf, *Switch On Your Brain. The Keys to Peak Thinking, Happiness, and Health* (Grand Rapids: Baker, 2013); Caroline Leaf, "21-Day Brain Detox", www.21daybraindetox.com.

15. Cosmas D. Arnold et al., "Genome-Wide Quantitative Enhancer Activity Maps Identified by STARR=Seq", *Science* 339, no. 6123 (1 de marzo de 2013): pp. 1074–77, doi:10.1126/science.1232542; L. I. Patrushev, T. F. Kovalenko, "Functions of Noncoding Sequences in Mammalian Genomes", *Biochemistry* (Mosc.) 79, no. 13 (Diciembre de 2014): pp. 1442–69; Manolis Kellis et al., "Defining Functional DNA Elements in the Human Genome", *Proc Natl Acad Sci USA* 111, no. 17 (29 de abril de 2014): pp. 6131–38; Perla Kaliman et al.,

"Rapid Changes in Histone Deacetylases and Inflammatory Gene Expression in Expert Meditators", *Psychoneuroendocrinology* 40 (Febrero de 2014): pp. 96–107.

16. Robin Holliday, "Epigenetics: A Historical Overview", *Epigenetics* 1, no. 2 (2006): pp. 76–80; Adrian Bird, "Perceptions of Epigenetics", *Nature* 447, no. 7143 (2007): 396398.

17. J. J. Day y J. D. Sweatt, "Epigenetic Mechanisms in Cognition", *Neuron* 70, no. 5 (2011): pp. 813–29.

18. Trygve Tollefsbol, ed., *Handbook of Epigenetics: The New Molecular and Medical Genetics* (New York: Elsevier/Academic Press, 2011).

19. Bob Weinhold, "Epigenetics: the Science of Change", *Environmental Health Perspectives* 114, no. 3 (2006): A160; Kaliman et al., "Rapid Changes".

20. John Cairns, Julie Overbaugh, y Stephan Miller, "The Origin of Mutants," *Nature* 335 (1988): pp. 142–45; H. F. Nijhout, "Metaphors and the Role of Genes in Development", *Bioessays* 12, no. 9 (1990): pp. 441–46.

21. Henry Stapp, "Minds and Values in the Quantum Universe", *Information and the Nature of Reality from Physics to Metaphysics*, ed. P. C. W. Davies y Niels Henrik Gregersen (Cambridge, UK: Cambridge University Press, 2014): p. 157.

22. Middleton, *The Liberating Image*, pp. 14–89.

23. S. A. McGee, *Heaven's Reality: Lifting the Quantum Veil* (Denver, CO: Glistening Prospect Bookhouse, 2016).

24. Stapp, "Minds and Values in the Quantum Universe".

Capítulo 4: La filosofía del Yo Perfecto

1. J. A. Wheeler, *A Journey into Gravity and Spacetime* (New York: W. H. Freeman, 1990).

2. Keith Ward, *The Evidence for God: The Case for the Existence of the Spiritual Dimension* (London: Darton, Longman and Todd, 2014), Kindle ed.; Keith Ward, "The New Atheists", video en YouTube, 37:32, subido por ObjectiveBob, 29 de agosto de 2012, https://www.youtube.com/watch?v=fkJshx-7l5w; Ward, *God Conclusion*, Kindle loc. 759–60.

3. Keith Ward, *The Big Questions in Science and Religion* (West Conshohocken, PA: Templeton Press, 2008), Kindle ed.

4. J. C. Eccles y K. Popper, *The Self and Its Brain: An Argument for Interactionism* (London: Taylor and Francis, 2014), Kindle ed.

5. Satel and Lilien eld, *Brainwashed*; J. Kulnych, "Psychiatric Neuroimaging Evidence: A High-Tech Crystal Ball?" *Stanford Law Review* 49 (1997): pp. 1249–70; E. Monterosso et al., "Explaining Away Responsibility: Effects of Scientific Explanations on Perceived Culpability", *Ethics and Behavior* 15, no. 2 (2005): pp. 139–53.

6. A. Keller et al., "Does the Perception That Stress Affects Health Matter? The Association with Health and Mortality", *Health Psychology* 31, no. 5 (Septiembre de 2012): pp. 677–84, https://www.ncbi.nlm.nih.gov/pubmed/22201278; Bianca Nogrady, "Chronic Stress Enhances Cancer Spread through Lymphatic System", *ABC News*, 2 de marzo de 2016, http://mobile.abc.net.au/news/2016-03-02/chronic-stress-enhances-spread-of-cancer-through-lymph-system/7211536; M. J. Poulin et al., "Giving to Others and the Association between Stress and Mortality", *American Journal of Public Health* 103, no. 9 (Septiembre de 2013): pp. 1649–55, http:// www.ncbi.nlm.nih.gov/pubmed/23327269; N. L. Sin y R. P. Sloan, "Linking Daily Stress Processes and Laboratory-Based Heart Rate Variability in a National Sample of Midlife and Older Adults", *Psychosomatic Medicine* (2016): 1, doi: 10.1097/PSY.0000000000000306; C. C. Wolford et al., "Transcription Factor ATF3 Links Host Adaptive Response to Breast Cancer Metastasis", *Journal of Clinical Investigation* 123, no. 7 (2013): p. 2893, doi:10.1172/JCI64410.

7. R. Swinburne, *Mind, Brain and Free Will* (London: Oxford University Press, 2013).

8. Sabrina Tavernise, "First Rise in U.S. Death Rate in Years Surprises Experts", *The New York Times*, 1 de junio de 2016, http://mobile.nytimes.com/2016/06/01/health/american-death-rate-rises-for-first-time-in-a-decade.html?_r=2&referer=; CDC, "Vital Statistics Rapid Release: Quarterly Provisional Estimates" *National Center for Health Statistics*, http://www.cdc.gov/nchs/products/vsrr/mortality-dashboard.htm.

9. Mark Rapley, Joanna Moncrie, y Jacqui Dillon, *DeMedicalizing Misery: Psychiatry, Psychology and the Human Condition* (New York: Palgrave Macmillan, 2011).

10. Axel Cleeremans, "Radical Plasticity Thesis: How the Brain Learns to Be Conscious", *Frontiers in Psychology* 2, no. 86 (9 de mayo de 2011), doi:10.3389/fpsyg.2011.00086; Olivia Goldhill, "A Civil Servant Missing Most of His Brain Challenges Our Most Basic Theories of Consciousness", *Quartz* (2 de julio de 2016), http:// qz.com/722614/a-civil-servant-missing-most-of-his-brain-challenges-our-most-basic-theories-of-consciousness/.

11. J. C. Eccles y K. Popper, *The Self and Its Brain: An Argument for Interactionism* (London: Taylor and Francis, 2014), Kindle loc. 241.

12. Ward, *Big Questions in Science and Religion.*

13. Ibid.

14. Ibid.

15. Ibid.

16. Stapp, "Minds and Values in the Quantum Universe".

17. Richard Dawkins, *River Out of Eden: A Darwinian View of Life* (New York: Basic Books, 1995).

Capítulo 5: La ciencia de tu Yo Perfecto

1. Kinderman, *The New Laws of Psychology.*

2. B. Draganski et al., "Neuroplasticity: Changes in Grey Matter Induced by Training", *Nature* 427, no. 6972 (2004): 311–12; H. K. Manji y R. S. Duman, "Impairments of Neuroplasticity and Cellular Resilience in Severe Mood Disorders: Implications for the Development of Novel Therapeutics", *Psychopharmacol ogy Bulletin* 5, no. 2 (2000): 5–49; T. F. Münte, E. Altenmüller, y L. Jäncke, "The Musician's Brain as a Model of Neuroplasticity", *Nature Reviews Neuroscience* 3, no. 6 (2002): pp. 473–78.

3. Ver otras lecturas para más información sobre mi investigación.

4. H. Gardner, *Frames of Mind* (New York: Basic Books, 2011); J. M. Shine et al., "The Dynamics of Functional Brain Networks: Integrated Network States during Cognitive Task Performance", *Neuron* 92, no. 2 (19 de octubre de 2016): pp. 544–54, doi:10.1016/j.neuron.2016.09.018.

5. Leaf, *Switch On Your Brain*; P. Lally, "How Are Habits Formed: Modelling Habit Formation in the Real World", *European Journal of Social Psychology* 40, no. 6 (2010): pp. 998–1009; James Clear, "How Long Does It Actually Take to Form a New Habit (Backed by Science)", *James Clear*, http://jamesclear.com/new-habit.

6. M. M. Merzenich et al., "Some Neurological Principles Relevant to the Origins of—and the Cortical Plasticity Based Remediation of—Language Learning Impairments", *Neuroplasticity: Building a Bridge from the Laboratory to the Clinic*, J.

Grafman, ed. (Amsterdam: Elsevier, 1999), pp. 169–87; M. Merzenich, *Soft-Wired. How the New Science of Brain Plasticity Can Change Your Life* (San Francisco: Parnassus, 2013).

7. "Libet Experiments", *The Information Philosopher*, bajado el 28 de octubre de 2016, http://www.informationphilosopher.com/freedom/libet_experiments. html; Benjamin Libet, Anthony Freeman, y Keith Sutherland, *The Volitional Brain: Towards a Neuroscience of Free Will* (Exeter, UK: Imprint Academic, 1999); Benjamin Libet, "Mind Time: The Temporal Factor in Consciousness", *Perspectives in Cognitive Neuroscience* (Cambridge, MA: Harvard University Press, 2004); M. Pauen, "Does Free Will Arise Freely?" *Scientific American Mind* 14, no. 1 (2004); en su discurso virtual de aceptación del Nobel, Libet resumió la investigación de su vida y destacó su trabajo sobre actos volitivos conscientes y la anterioridad de la consciencia sensorial.

8. C. S. Soon et al., "Unconscious Determinants of Free Decisions in the Human Brain", *Nature Neuroscience* 11, no. 5 (13 de abril de 2008): pp. 543–45, doi: 10.1038/nn.2112.

9. "Libet Experiments".

10. C. S. Herrmann et al., "Analysis of a Choice-Reaction Task Yields a New Interpretation of Libet's Experiments", *International Journal of Psychophysiology* 67 (2008): p. 156, http://www. ch.usp.br/df/opessoa/Hermann%20-%20 New%20inter pretation%20-%20%202008.pdf.

11. Benjamin Libet, *Mind Time: The Temporal Factor in Consciousness* (Cambridge, MA: Harvard University Press, 2004).

12. D. Denett et al., *Neuroscience and Philosophy: Brain, Mind, and Language* (New York: Columbia University Press, 2007).

13. C. S. Keener, *The Mind of the Spirit: Paul's Approach to Transformed Thinking* (Grand Rapids: Baker Academic, 2016).

14. C. M. Caves et al., "Unknown Quantum States: The de Finetti Representation", *Journal of Mathematical Physics* 43, no. 9 (2002): pp. 4537–59; C. Fuchs y R. Schack, "Quantum-Bayesian Coherence", *Reviews of Modern Physics* 85, no. 4 (2013): p. 1693; Amanda Gefter, "A Private View of Quantum Reality", *Quanta Magazine*, 4 de junio de 2015, https://www.quantamagazine. org/20150604-quantum-bayesianism-qbism/.

15. Henry P. Stapp, "Quantum Interactive-Dualism: An Alternative to Materialism", *Journal of Religion and Science* (6 de septiembre de 2003): 3, http://www-atlas .lbl.gov/~stapp/QID.pdf, doi:10.1111/j.1467–9744.2005.00762.x.

16. Ibid.

17. Werner Heisenberg, *Physics and Philosophy: the Revolution in Modern Science* (New York: Harper and Row, 1958); David C. Cassidy, *Werner Heisenberg: A Bibliography of His Writings*, 2nd ed. (New York: Whittier, 2001).

18. John von Neumann, *Mathematical Foundations of Quantum Mechanics*, trans. Robert T. Beyer (Princeton: Princeton University Press, 1955).

19. Stapp, "Quantum Interactive-Dualism", p. 2.

20. Henry P. Stapp, "Quantum Interactive Dualism: An Alternative to Materialism", *Journal of Consciousness Studies* 12, no. 11 (2005): pp. 43–59.

21. M. Beauregard et al., "Quantum Physics in Neuroscience and Psychology: A Neurophysical Model of Mind-Brain Interaction", *Philosophical Transactions of the Royal Society of London* Series B, *Biological Sciences* 360, no. 1458 (2005): pp. 1309–27.

22. Gefter, "A Private View of Quantum Reality".

23. "Keith Ward—The New Atheists", video en YouTube.

24. Gefter, "A Private View of Quantum Reality".

25. P. C. W. Davies y Niels Henrik Gregersen, *Information and the Nature of Reality: From Physics to Metaphysics* (Cambridge, UK: Cambridge University Press, 2010), p. 85.

26. Beauregard et al., "Quantum Physics in Neuroscience and Psychology".

27. Leon Gmeindl et al., "Tracking the Will to Attend: Cortical Activity Indexes Self-Generated, Voluntary Shifts of Attention", *Attention, Perception & Psychophysics* (2016), doi:10.3758/s13414-016-1159-7.

28. M. J. Poulin et al., "Giving to Others and the Association between Stress and Mortality".

29. M. J. Poulin, "Volunteering Predicts Health among Those Who Value Others: Two National Studies", *Health Psychology* 33, no. 2 (Febrero de 2014): 120–29, doi:10.1037/a0031620.

30. University of Chicago, "Loneliness Affects How the Brain Operates", *Science Daily*, 17 de febrero de 2009, www.sciencedaily.com/releases/2009/02/090215151800.htm.

31. J. S. Bell, *Speakable and Unspeakable in Quantum Mechanics.*

Capítulo 6: Perfil de tu Yo Perfecto

1. G. N. Fleming, "The Actualization of Potentialities in Contemporary Quantum Theory", *The Journal of Speculative Philosophy* 4 (1992): pp. 259–76.

Capítulo 8: Las zonas de incomodidad

1. Stapp, "Mind and Values in the Quantum Universe",

2. C. B. Pert, *Molecules of Emotion: Why You Feel the Way You Feel* (New York: Scribner, 1997).

3. S. T. Charles et al., "The Wear and Tear of Daily Stressors on Mental Health", *Psychological Science* (2013), doi:10.1177/0956797612462222.

4. C. Meydan et al., "MicroRNA Regulators of Anxiety and Metabolic Disorders", *Trends in Molecular Medicine* 22, no. 9 (2016): 798, doi: 0.1016/j.molmed.2016.07.001; D. Colbert, *Deadly Emotions: Understand the MindBodySpirit Connection That Can Heal You or Destroy You* (Nashville: Thomas Nelson, 2003).

5. A. Keller et al., "Does the Perception that Stress Affects Health Matter? The Association with Health and Mortality", *Health Psychology* 5 (2012): pp. 677–84, doi:10.1037/a0026743.

6. M. Miller, "Laughter Helps Blood Vessels Function Better", presentación realizada en la reunión del American College of Cardiology Scientific Session, Orlando, FL, 2005.

7. M. J. Poulin et al., "Giving to Others and the Association Between Stress and Mortality".

8. Kelly McGonigal, "How to Make Stress Your Friend", video en YouTube, 14:28, subido por TED Talks el 4 de septiembre de 2013, https://www.youtube.com/watch ?v=RcGyVTAoXEU&noredirect=1.

9. Penn State, "Let It Go: Reaction to Stress More Important Than Its Frequency", *Science Daily*, 25 de febrero de 2016, www.sciencedaily.com/releases/2016/02/16022514 0246.htm.

10. Church Dawson, *The Genie in Your Genes: Epigenetic Medicine and the New Science of Intention* (Santa Rosa, CA: Energy Psychology Press, 2009).

11. E. B. Raposa, H. B. Laws, y E. B. Ansell, "Prosocial Behavior Mitigates the Negative Effects of Stress in Everyday Life", *Clinical Psychological Science* (2015), doi:10.1177/2167702615611073.

12. Puedes descubrir exactamente cómo hacer esto mediante mi programa de desintoxicación de veintiún días que se encuentra en mi libro *Switch On Your Brain*.

13. K. Nader, G. E. Schafe, y J. E. LeDoux, "Reply—Reconsolidation: The Labile Nature of Consolidation Theory", *Nature Reviews Neuroscience* 1, no. 3 (2000): pp. 216–19.

14. Judson Brewer, "A Simple Way to Break a Bad Habit", *TED.com*, Noviembre de 2015, http://www.ted.com/talks/judson_brewer_a_simple_way_to_break_a_bad_habit; Kalina Christo et al., "Mind-Wandering as Spontaneous Thought: A Dynamic Framework", *Nature Reviews Neuroscience* 17, no. 11 (2016): 718, doi:10.1038/nrn.2016.113; Xiang Wang et al., "Cognitive Vulnerability to Major Depression", *Harvard Review of Psychiatry* 24, no. 3 (2016): 188, doi:10.1097/HRP.0000000000000081; Jonas T. Kaplan et al., "Processing Narratives Concerning Protected Values: A Cross-Cultural Investigation of Neural Correlates", *Cerebral Cortex* (Enero 2016) doi:10.1093/cercor/bhv325.

15. K. Christo et al., "Rostrolateral Prefrontal Cortex Involvement in Relational Integration During Reasoning", *Neuroimage* 14, no. 5 (2001): pp. 1136–49; M. Donoso et al., "Foundations of Human Reasoning in the Prefrontal Cortex", *Science* 344, no. 6191 (2014): pp. 1481–86.

16. B. M. Kudielka et al., "HPA Axis Responses to Laboratory Psychosocial Stress in Healthy Elderly Adults, Younger Adults, and Children: Impact of Age and Gender", *Psychoneuroendocrinology* 29, no. 1 (2004): pp. 83–98.

17. J. A. Brewer et al., "Craving to Quit: Psychological Models and Neurobiological Mechanisms of Mindfulness Training as Treatment for Addictions", *Psychology of Addictive Behaviors* 27, no. 2 (2012): pp. 366–79; K. M. Garrison et al., "Real-Time fMRI Links Subjective Experience with Brain Activity During Focused Attention", *NeuroImage* 81 (2013): pp. 110–18.